Jean-Paul Tibéri présente

CABU PASSE AUX AVEUX

Jean-Cyrille Godefroy

DES MÊMES AUTEURS

CABU

Le Grand Duduche, *Dargaud, 1968*
Le Grand Duduche («Il lui faudrait une bonne guerre»), *Dargaud, 1970*
Le journal de Catherine, *Le Square, 1971*
Les aventures de Madame Pompidou, *Le Square, 1972*
Le Grand Duduche (L'ennemi intérieur), *Le Square, 1973*
Le Grand Duduche en vacances, *Le Square, 1974*
Mon Beauf, *Le Square, 1975*
Ouvrez le massacre (La démolition de Châlons), en collaboration avec J.-M. Boëglin, *Le Sagittaire, 1976*
A bas toutes les armées !, *Le Square, 1977*
Catherine saute au paf, *Le Square, 1978*
La France des beaufs, *Le Square, 1979*
Maraboud'ficelle, en collaboration avec W. Leymergie, *Dargaud, 1980*
Le Grand Duduche et la fille du proviseur, *Dargaud, 1980*
Inspecteur la Bavure, en collaboration avec Hugot, *Albin Michel, 1980*
Camille-le-Camé contre mon beauf, *Albin Michel, 1980*
Votez Mère Denis, *Albin Michel, 1981*
A bas la mode !, *Dargaud, 1981*
Les mots du vin, en collaboration avec Chevalier, *Belin, 1983*
Les pensées de Francis Blanche (dessins), *Le Cherche-Midi, 1984*
A bas toutes les armées n° 2, *Le Cherche-Midi, 1984*
Mitterrand et son beauf, *Albin Michel, 1984*
Bien dégagé sur les oreilles, *La Découverte, 1985*
Rôti de beauf, *Le Cherche-Midi, 1985*
Le nez de Dorothée, *Editions AB, 1986*
Showbiz, *Albin Michel, 1986*
Plutôt Russe que mort, en collaboration avec C.-M. Vadrot, *Le Seuil, 1987*
Le gros blond avec sa chemise noire, *Albin Michel, 1988*
Tonton Accro, *Albin Michel, 1988*
Un Japonais à Paris, en collaboration avec J.-G. Richard, *Belfond, 1988*
Tonton 1er, en collaboration avec Jérôme Duhamel, *Belfond, 1988*
A consommer avec modération, *Albin Michel, 1989*
Mort aux vieux, *Albin Michel, 1989*
Cabu au Canard enchaîné, *Albin Michel, 1989*
Les interdits, *Albin Michel, 1990*

J.-P. TIBERI

La BD et le cinéma, *Regards, 1981*
Le livre d'or de Morris, *Sedli, 1984*
Dossier Pieds Nickelés, *Sedli, 1984*
Pellos dessinateur sportif, *M. Fontaine, 1985*
Walthéry Natacha et cie, *Dupuis, 1987*
L'Univers de Morris, en collaboration avec P. Melot, *Dargaud, 1988*
Les mémoires de Spirou, en collaboration avec T. Martens, *Dupuis, 1989.*

12 rue Chabanais 75002 Paris
ISBN 2-86553-081-7

PRÉFACE

La première fois que j'ai vu Cabu, c'était dans un restaurant. Il était à notre table et, les deux mains sous la table, semblait frénétiquement agité. Comme il était dessinateur, j'ai pensé qu'il dessinait. Plusieurs années après, il m'a avoué que non. Je dois dire que je n'aurais jamais pensé qu'un artiste pût se masturber en notre présence. En face de lui, il y avait la septième femme de Philippe Val.

Patrick FONT

Autour des années 70, Cabu a inventé un genre : le reportage dessiné. C'était une double page pleine de dessins et, dans chaque dessin, au moins un détail qui faisait comprendre l'essentiel de la situation, un petit coin de la réalité de Limoges, de Bourges, de Semur-en-Auxois, qui vous sautait à la tête. On était loin du chromo pour japonais, mais au moins, on apprenait le pays dans lequel on vivait.

Aujourd'hui, quel journal pousserait un peu hors de ses pages Roux, Séguéla, Goude... pour faire une belle place à ces coups de crayon qui vous racontent en quelques secondes ce que les sociologues nous emmerdent à essayer de nous expliquer en 800 pages ?

Hélas les journaux aujourd'hui ont bien souvent plus à cœur de servir les annonceurs que de servir le public.

Autre chose : il y a un cliché sur Cabu : le fameux contraste entre sa gentillesse quand on le voit à la télévision, ou quand on le rencontre dans la vie, et la cruauté de ses dessins...

Comme tous les clichés, il est idiot. Cabu ressemble à ses dessins, et il n'est jamais cruel. C'est simplement qu'il y a une sorte de tradition, qui passe par Rabelais, qui est celle des gens qui n'ont pas froid aux yeux. Des gens qui ont le courage d'amuser leurs contemporains avec ce qu'ils perçoivent vraiment de la réalité.

(Bien sûr, une fois de plus, on est loin de l'humour de M. Duras qui elle aussi est assez fendarde, mais dans un genre différent... surtout quand elle croise ses doigts sur la table après avoir rajusté ses lunettes. Hélas, c'est toujours le même gag qui revient, et maintenant, il fait moins rire).

Pour en revenir à Cabu, ce n'est pas lui qui est particulièrement «féroce», c'est la réalité. Et il n'y a que la joie qui permette de l'affronter. C'est cette jubilation qu'il y a dans ses dessins, même les plus terribles. Ce n'est pas par hasard si Trenet est le chanteur préféré de Cabu. C'est parce qu'il chante légèrement des choses perverses, noires, méchantes, et qu'au bout du compte, y'a d'la joie !

Philippe VAL

ON RECOMMENCE
TOUT À ZÉRO !

LES PREMIERS PAS

Jean Cabut est né le 13 Janvier 1938 à Châlons-sur-Marne. Sans croire à tout prix à la prédestination, il faut remarquer que c'est également en cette cité qu'ont vu le jour :
- Wilette (1857-1926), dessinateur humoriste fort connu.
- Pierre Dac (1897-1975), l'humoriste que l'on sait.
- Le général Massu (1913-), à la «glorieuse» carrière militaire.

Aux dires de Cabu (qui a abandonné le t de son nom de famille pour en faire un pseudonyme), les deux maîtres humoristes précités ne semblent pas avoir marqué la vie culturelle de Châlons. Quant au militaire, nous en reparlerons, mais écoutons...

Depuis une dizaine d'années, il y a une rue Wilette à Châlons, par contre on ne trouve aucun de ses ouvrages à la bibliothèque et aucune de ses œuvres au musée. Il est bien évident que Wilette est plus connu à Montmartre qu'à Châlons.

Il faut signaler qu'il était fils de militaire et que ce sont les hasards des garnisons qui l'ont fait naître à Châlons où il devait séjourner jusqu'à l'âge de 17-18 ans, ce qui est quand même important, tant au point de vue du temps que des traces laissées sur la personnalité de l'homme. On ne passe pas impunément près de vingt ans de sa vie à Châlons, j'en sais quelque chose...

Wilette était un grand dessinateur, le créateur de «Pierrot», à la fois anticolonialiste et anti-Dreyfusard (ce qui se pratiquait beaucoup à l'époque).

Quant à Pierre Dac, j'ai eu le plaisir de le rencontrer lors de la remise du Crayon d'Or du dessin de presse, en 1969, dans les salons Ricard. J'avais un peu honte d'être sous la houlette Ricard, mais le plaisir d'échanger quelques mots avec mon compatriote valait bien cette compromission. Nous avons évoqué Châlons où il avait passé sa jeunesse, dans la boucherie paternelle sise dans la rue principale. Par contre, je n'ai jamais rencontré Massu, même pas en Algérie.

J'ai reçu une éducation assez stricte dans la lignée catholique bien pensante de l'époque, sans que pour cela mes parents ne nous aient mis à l'école privée, ce dont je les remercie encore aujourd'hui. J'allais à la messe le Dimanche, avec mon beau costume et mes souliers vernis... Je dois avouer que je ne suis pas mécontent d'avoir connu le catéchisme, la première communion et autres bondieuseries qui me permettent aujourd'hui de prendre par rapport à ces choses-là, et en connaissance de cause, un certain recul et une certaine réflexion. Par contre, je garde un très mauvais souvenir de ma participation aux «Cœurs Vaillants» où m'avait collé mon père pour m'occuper le Jeudi, selon sa propre expression.

Pendant plusieurs années, j'ai subi l'esprit scout et des activités d'embrigadement, moi qui avais déjà le goût de la solitude !

Je me souviens d'un mois de colo absolument atroce ; quand mes parents étaient venus pour la fête je voulais repartir avec eux.

LES ENFANTS S'ENNUIENT LE DIMANCHE...

Journal du Dimanche 23 mars 1969.

Né en 1938, les souvenirs d'enfance de Cabu se mêlent à des souvenirs de guerre. Il est l'aîné de trois enfants (une sœur, aujourd'hui professeur d'éducation physique et un frère kinésithérapeute), son père (fils de cheminot), aujourd'hui retraité, était professeur de technologie à l'école des Arts et Métiers, dont il était ancien élève, alors que Madame Cabut comme il se devait à l'époque faisait aller le ménage. On sait ce que représentent l'enfance, la famille, l'éducation dans le «conditionnement» de notre vie d'adulte...

Je me rappelle avoir joué dans les décombres du bombardement de Châlons. Pour les gamins que nous étions, c'était fantastique, la végétation avait sauvagement repoussé dans les ruines et les tranchées et nous étions en pleine jungle amazonienne, ou en plein far-west, mieux que dans «Cœurs Vaillants». On jouait également dans les abris d'urgence creusés sous la place. C'est dans un de ceux-ci que pour la première fois je me suis rebiffé contre l'autorité parentale. A la suite d'une alerte, nous étions descendus nous réfugier et ma mère récitait une prière, elle me demanda d'en faire autant, je refusai catégoriquement, arguant de l'inutilité de la chose, ce qui me valut une magistrale paire de baffes. C'était en 1944, la contestation commençait pour moi.

Dans le même ordre d'idée, je me souviens de la déception de mes parents quand je leur ai annoncé que je ne voulais plus assister à la messe à laquelle je ne participais pas et où je n'étais qu'un simple spectateur. J'ai voulu arrêter cette hypocrisie, j'avais alors une quinzaine d'années, cette prise de position a coïncidé avec mes premières parutions dans la presse. D'une certaine façon, je rompais avec un jeu social pour affirmer mon indépendance. Je quittais le monde de l'enfance et de la soumission pour celui des adultes et des responsabilités.

Je rencontre quelques fois un ancien élève de mon père qui l'évoque avec une certaine tendresse et se remémore sa passion pour la photographie. Il s'installait entre mon père et ses élèves un dialogue qui portait sur la vie extérieure de l'école et qui lui donnait l'image de l'homme chaleureux et ouvert qu'il était et qu'il est toujours.

Croquis exécutés sur un cahier de cours.

grand père
mère
père
mère
fils
fille
Bachot
grand père
grand mère
père
mère
fils
fille
J'aime autant vous dire
qu'avec moi, le baratin
ça ne prend pas...

Croquis.

Bourreau d'enfant !

Mon père était sorti d'une grande école d'ingénieurs et il aurait bien aimé que je prenne le même chemin, il ne pouvait pas imaginer que l'on puisse gagner sa vie en faisant du dessin de presse et il y eut un moment où il eut très peur pour moi, ce que rétrospectivement je comprends très bien.

Cabu a aussi de vrais souvenirs d'école, avec de vrais instituteurs, de vrais surveillants à l'air inquisiteur, de vrais professeurs barbus prêchant le savoir officiel... et derrière une vitre, au loin, au-delà de la cour de récréation, une silhouette furtive, un rêve... une (presque) vraie fille du proviseur !

J'ai fréquenté l'Ecole Annexe de l'Ecole Normale avec Monsieur Deguet, un instituteur militant laïque très troisième république. Je garde de ce passage un très agréable souvenir, il s'était établi un certain climat de confiance et j'étais un assez bon élève.

Les choses ont commencé à se gâter au Lycée, je n'aimais pas beaucoup l'ambiance, les changements perpétuels de professeurs... J'ai fait deux ans de «classes nouvelles» (les classes nouvelles étaient les premières expériences du tiers temps pédagogique) au cours desquelles, entre autres choses, j'étudiais le latin. Comme ça ne gazait pas vraiment, mon père, poussé par son désir de me voir devenir ingénieur, me fit passer en section technique où je fus encore moins à l'aise. J'y ai pratiqué le dessin industriel qui à mon sens est la négation même du dessin : tout à la règle, absence de perspective.

Dessin pour Le Petit Fum's.

Regrettant amèrement la section classique que j'avais quittée, j'ai créé un journal satirique pour me moquer des techniques qui, à mon goût, manquaient totalement de fantaisie.

Ce fut «Le Petit Fum's» (terme qui dans la bouche des techniques désignait les classiques qui n'étaient que des incapables, des fumistes, juste bons à faire du latin et de la littérature et non les matières nobles, techniques et mathématiques) qui connut immédiatement un franc succès, et dès le premier numéro je me suis retrouvé dans un dortoir, menacé de me voir «casser la gueule» si je ne publiais pas un rectificatif rapport à un portrait peu flatteur des techniques, faisant face à un portrait élogieux des classiques... J'ai publié le rectificatif... ce qui n'a fait que renforcer mon opinion. Pour la première fois je me suis rendu compte des effets de la polémique. Dans un autre numéro j'avais mis en cause le proviseur. Il me convoqua et me proposa deux solutions : ou bien je lui montrais les copies avant la publication, ou bien j'arrêtais. Bien évidemment, j'adoptais la deuxième solution, je ne pouvais pas accepter cette censure officielle. Le pauvre homme est mort la semaine suivante, je dois préciser que mes dessins n'y étaient pour rien. Avec le collège au grand complet et un grand nombre de personnalités et de curieux j'ai suivi le cortège funèbre à travers la ville. Le cortège était si long que j'étais, avec mes copains, à près d'un kilomètre du fourgon, et je dois dire que nous ne respections pas vraiment la rigueur et la sérénité qui siéent à ces circonstances et que les passants devaient se demander si une manifestation d'étudiants ou un monôme n'était pas venu se greffer à la suite du cortège officiel.

J'étais alors en troisième, le journal était mensuel, tiré à la ronéo à alcool à 300 exemplaires. Il y avait plusieurs collaborateurs dont un professeur de français que j'aimais bien et qui tenait régulièrement une rubrique.

Il me reste de cette expérience un bon souvenir très édifiant, car je me suis rendu compte de l'impact de la presse et du fait que plus le journal touche un public restreint plus il suscite des réactions vives et passionnées.

X ETANT L'INCONNUE...

«L'Union» 1959.

Le journaliste débutant que j'étais avait le privilège de voir dès la parution les réactions de ses lecteurs, c'était excitant au possible ! En dernière page, je réalisais un dessin humoristique signé K BU, pas très bon et très inspiré du dessinateur Grove que j'admirais beaucoup alors. J'ai appris récemment par Vasquez de Sola que Picasso l'appréciait également.

J'écrivais aussi quelques articles, non signés, je me souviens en particulier d'un reportage sur les catcheurs masqués très en vogue dans les années 50.

Je ne garde pas de marques profondes de mon passage au Lycée, même l'image de la fille du surveillant général (et non la fille du proviseur comme certains pourraient le croire) qui apparaissait à la fenêtre de son appartement et qui représentait un mythe inacessible pour les potaches que nous étions, est aujourd'hui assez floue, elle demeure le symbole des barrières sociales et un rêve fou pour Duduche.

Le poète. — ***Tout est calme, tout est tranquille...***

1er dessin paru dans «Jeudi matin» n° 38 du 21 septembre 1950.

Prière à MM. les Examinateurs
du Baccalauréat
Si je ne suis pas celle que
c'est à dire du genre
intellectuelle surmenée) et
si je n'ai pas – ne vous y trompez
pas – la bosse des maths ou celle
des sciences,
S'il y a tous les ans un nombre
croissant

Croquis.

Si en classe de troisième Cabu a envie de «faire le journaliste», il y a déjà quelque temps que le démon du dessin le travaille. A l'âge de 12 ans il recopie les dessins de Dubout pour qui il gardera une admiration sans faille. Bien entendu, et comme beaucoup d'autres, et c'est vrai, il dessine dans les marges de ses cahiers et s'amuse à caricaturer ses professeurs. A 14 ans, il gagne un concours de dessin organisé par les stylos Météor et «Cœurs Vaillants» (dont il était l'inévitable lecteur). Il reçoit son prix : une magnifique bicyclette, et en présence de Monseigneur Feltin, effectue un tour de piste du Vel d'Hiv' où se déroulait la manifestation. Mais revenons sur les bancs de l'école...

J'étais assez bon élève en dessin et chaque année j'ai obtenu le second prix, toujours le second prix, jamais le premier. Il y avait chez mon professeur, Monsieur Hulin (aujourd'hui peintre) une sorte de méfiance à mon égard, il trouvait que je déformais trop, je donnais trop libre cours à mon interprétation des objets, je n'étais pas assez classique.

A la fin de la classe de seconde, nous avons monté pour la fête du Lycée, la pièce «Robinson» de Jules Supervielle, une pièce très poétique, un très joli spectacle qui nous avait mobilisé tout le dernier trimestre entre les répétitions et la confection des décors dont notre prof avait réalisé les maquettes.

Ce travail nous avait permis de nous rapprocher et de bousculer un peu la barrière prof-élève et je me souviens lui avoir demandé quelles étaient mes chances dans la carrière de dessinateur de presse. Bien évidemment, ce n'était pas tout à fait son secteur, et il m'avait déconseillé de l'aborder. On retrouvait le sempiternel : «passe ton bac, après on verra», auquel mes parents faisaient écho.

En guise de bac, après avoir redoublé ma classe de seconde, je suis entré comme apprenti dans un studio de dessin, à Paris, au-dessus du «Crazy Horse Saloon» (tout un programme !). C'était une boîte qui imaginait des conditionnements alimentaires. Je me suis tapé les travaux les plus ingrats : fonds, lettres... pendant près de trois ans, j'ai dessiné des boîtes de camembert, des paquets de café, j'ai réussi à signer un emballage pour les biscottes Albatros.

L'exposition « Jeune Peinture » qui sera inaugurée cet après-midi à l'hôtel de ville, a inspiré notre ami Cabu, dont on pourra d'ailleurs admirer tout un panneau de dessins dans le cadre de cette manifestation artistique

Je ne me réclame d'aucune école, mais je subis quelques influences...

«L'Union», 28 novembre 1960.

Nous étions sept dessinateurs dont un vieux bonhomme, spécialiste en lettres, qui m'impressionnait beaucoup par sa dextérité, je le revois traçant au pinceau, à main levée, les emballages pour «Spécia».

Aujourd'hui, la technique a remplacé ce travail d'art, car lui, c'était un artiste !

Dans un contrat d'apprentissage, l'élève dispose de deux jours par semaine pour parfaire sa formation. J'en ai profité pour fréquenter l'Ecole Estienne (école d'art graphique) et assister aux cours de l'Académie Julian.

Parallèlement à cette formation, tout compte fait assez classique et traditionnelle, le jeune Cabu eut la chance de faire ses premières armes professionnelles dans un grand quotidien régional, il avait alors 15 ans et 3 mois.

Un jour, gonflé, je me suis présenté à «l'Union de Reims» édition de Châlons, avec un pauvre dessin sur le thème «ramasser une veste au bac» et j'ai eu la chance de tomber sur Jean-Marie Boëglin qui l'a publié, m'a encouragé à continuer, me demandant cependant d'axer ma production sur la vie à Châlons. C'était me mettre le pied à l'étrier du reporter. J'ai assisté, et caricaturé, au Conseil Municipal, j'ai couvert la foire exposition qui se tenait dans un grand jardin public : le Jard. Je dessinais le plan de la foire et j'égayais le tout de croquis personnels.

En moyenne je publiais deux dessins par semaine, largement de quoi occuper mon temps libre.

Je suis resté à «L'Union de Reims» de 1953 à 1961 et j'ai vu mes dessins passer de 8 à 30 francs.

Pour apprendre ce métier il faut publier, c'est la seule façon de voir ses défauts, de les corriger et donc de progresser. On apprend à travailler en fonction des techniques d'impression...

J'ai travaillé aussi pour «l'Echo de la Vente» qui était une sorte de bulletin corporatif des marchands de journaux.

Cabu se passionne pour l'actualité, celle de Châlons bien sûr, métier oblige, mais aussi l'actualité parisienne, nationale, internationale et s'il lit «Cœurs Vaillants» dans lequel il apprécie Hergé et sa façon exemplaire de dessiner les mains, tous les jours, en allant au Lycée, il achète «Combat», «Franc Tireur» (avec Lap et Cabrol) et toutes les semaines «Le Canard Enchaîné», «France-Dimanche», «Ici Paris» (avec Dubout, Peynet, Bellus, Effel, Barberousse...) pour les dessins d'humour de ceux que l'on considère aujourd'hui, et à juste titre, comme les maîtres français du genre. Il lit les classiques de la bibliothèque scolaire mais ce n'est que beaucoup plus tard qu'il découvrira Céline et Boris Vian ! Une enfance, une adolescence passées à Châlons-sur-Marne, qui pour beaucoup d'entre nous n'évoque qu'une ville de garnison, mais qui a été le témoin privilégié d'amitiés, de joies, de complicités, d'aventures, d'espoirs, de déceptions, d'une vie qui ne demandait qu'à s'épanouir...

De temps en temps je retourne à Châlons, à chaque fois j'en reviens avec le cafard, c'est une ville où il ne reste plus un coin pour se promener. Le béton a tout envahi, chaque mètre carré est rentabilisé, c'est affolant !

Je garde de Châlons un souvenir un peu nostalgique. Le centre était traversé par deux canaux, et sans que Châlons soit une ville d'art, il aurait été intéressant de préserver cette bouffée d'air et d'eau, un peu comme à Montargis (La Venise du Gâtinais !). Au lieu de ça, on a tout rasé, y compris un théâtre du XVIIIe siècle (où j'avais interprété «Robinson» dont je tenais le rôle principal, d'ailleurs à un moment je fus tenté par la carrière théâtrale) pour ériger un centre commercial.

Châlons est frappé d'hémiplégie, comme le dit Boëglin.*

Le Châlons de mon enfance était une petite ville de province, calme et paisible, avec des esplanades ombragées, une ville où il faisait bon vivre.

Je me souviens d'une vieille femme qui, le matin, livrait le lait à l'aide d'une carriole et qui tous les soirs, en revenant de son jardin, me donnait un bouquet de fleurs pour ma mère. Je crois rêver et évoquer une scène d'un temps révolu.

— J'avais cru... *«L'Union».*

— **Ma place !** *«Ici Paris».*

Marie-la-Lune authentique clocharde châlonaise que Cabu comptait défendre (les enfants lui lançaient des pierres) en publiant ses aventures. Le résultat fut inverse à ses espérances, si bien que les mésaventures de Marie-la-Lune furent éphémères.

«L'Union» 1962.

Les mésaventures
de Marie-la-Lune
1
Cabu
2

Les gens de ma génération ont été les témoins de la fin d'une époque, une époque où on prenait encore le temps de vivre, où le fric ne gérait pas la vie quotidienne. Il y avait encore des relations entre la ville et la campagne, ne serait-ce que par l'intermédiaire du marché hebdomadaire.

Les petits commerçants, les artisans étaient les pivots d'une animation quasiment familiale qui se développait dans les quartiers où tout le monde se connaissait, s'entraidait. Il existait alors un dialogue entre les gens qui se côtoyaient. Aujourd'hui, on ne peut pas risquer d'échanger quelques mots aimables avec une caissière sans déclencher un tohu-bohu de protestations et d'impatience. Il faut payer et dégager...

L'absence de rapports humains, de rapports simples, de politesse cordiale, est un des éléments négatifs de la société actuelle, annihilée par le besoin effréné de consommation.

Le développement de la délinquance dans les grandes banlieues pourrait bien en être une conséquence directe.

Cet attachement à la vie, à la petite ville, aux choses simples, je le retrouve chez Charles Trenet et quand il évoque Narbonne (son Châlons-sur-Marne à lui), il évoque toutes ces petites villes de province où, il y a vingt ans, la vie avait un sens et un goût !

A dix-sept ans, on a l'impression que la vie va être formidable et qu'on va bien se marrer ; d'ailleurs, je voudrais faire un «Duduche» sur le thème : «La vie, c'est pas ce que je croyais».

Croquis.

C'est l'âge des canulars et de la joie de vivre. Je me souviens d'une farce énorme montée avec des copains en 1959 à Châlons.

Tous les ans, l'épreuve «Paris-Strasbourg» traversait Châlons (500 km à pied pour le plaisir, tu parles d'une connerie) et nous avions imaginé de faire avec deux heures d'avance un faux passage du coureur de tête.

C'était mon copain «Gros Schmidt», 107 kg poids de forme, qui tenait le rôle sous le dossard Odéon 84-00 (le numéro de l'horloge parlante), surmonté d'un mouchoir noué aux quatre coins et escorté de suiveurs bénévoles (des copains de l'école des Arts et Métiers), d'une voiture publicitaire (montée avec des panneaux publicitaires pour vitrines, donnés par la fille du pharmacien) et de moi-même, déguisé en charcutier à bicyclette qui le ravitaillait en tranches de saucisson et en os (oui, en os, vous avez bien lu !).

La radio ayant annoncé que le favori Gilbert Roger était en tête, la foule se pressait pour applaudir mon copain et si certains trouvaient malgré tout que Gilbert Roger avait beaucoup grossi, personne ne se manifesta pour dénoncer la supercherie.

Les flics faisaient le service d'ordre et nous précédaient à bicyclette, le fils du commissaire ayant mis son père dans le coup, celui-ci laissait faire son devoir à la maréchaussée.

De temps à autre, «Gros Schmidt» tombait, nous le relevions avec un cric, il avait la mauvaise habitude de s'effondrer devant la terrasse des cafés, si bien que le patron compatissant lui offrait à boire gratis. Comme c'était un champion, il ne buvait que du Champagne, et nous aussi ! Il demanda même à une vieille femme un bain de pieds à la moutarde, la vieille s'exécuta.

Inutile de dire que c'était une franche rigolade et que Gilbert Roger à son passage, deux heures plus tard, a bien dû se demander pourquoi il n'était pas acclamé comme un leader.

Comme quoi on peut mystifier les gens avec une facilité déconcertante !

Je vous emmène manger sur l'herbe...

« Je m'appelle biquette », c'est une plaque d'identité, ça ?

«L'Union».

Il ne faudrait pas croire pour autant que le jeune Cabu passait son temps à arpenter la ville, le couvre-feu familial régnait et la vie familiale réglait l'ordre des choses.

Je ne sortais pas beaucoup, je n'ai eu l'autorisation de sortir seul qu'à mes 18 ans, et encore n'était-ce que le samedi soir et jusqu'à minuit, ce qui finalement me rendait bien service car je dessinais. A la maison, en soirée, nous écoutions la radio. Moi, j'aimais bien «Reine d'un jour» de Jean Nohain, parce que le côté ringard me faisait marrer, j'appréciais les chansonniers : Rocca, Menier, Valton, Grello, Horgue, Vaillard... au grand dam de mon père qui aurait préféré que j'écoute des émissions plus culturelles, plus didactiques. La radio était un phénomène important, mais contrairement à la télévision, elle préservait le climat familial et la chaleur humaine d'une époque où la vie allait à petits pas.

En 1977, Cabu retrouve Jean-Marie Boëglin (qui après 14 ans d'expatriation pour avoir participé au réseau Jeanson durant la guerre d'Algérie, est de retour) et tous deux conçoivent «Ouvrez le massacre» où ils dissèquent et commentent la mort du vieux Châlons. Un ouvrage qui ne fut certainement pas étranger au changement de municipalité en 1977.

* On a même, erreur historique, et pour y faire un parking, détruit la maison natale de Cabu !

MON GÉNÉRAL, QUE PENSEZ-VOUS DE LA SITUATION AU TCHAD ?
C'EST NOUS LES AFRICAINS QUI REVENONS DE LOIN
Cabu

Inédit.

L'ARMERDRE

(expression aimablement prêtée par Monsieur Alfred Jarry !)

Et si un jour le paisible Duduche devenait un véritable beauf ? Impossible, me direz-vous.

Et pourtant, un beau jour de 1958, il vient d'avoir 20 ans, Cabu reçoit sa feuille de route, il ne lui reste qu'à adopter la coupe réglementaire et à enfiler l'uniforme. Première réaction : celle de l'homme de base, la cuite !

A cette époque, je n'étais pas vraiment politisé, bien sûr je réagissais en fonction des événements, mais il n'y avait de ma part aucun engagement véritable. Je n'avais pour les militaires aucune sympathie particulière pour les avoir vus à l'œuvre dans les rues ou dans les bistrots de Châlons. Il se trouve que la veille de mon départ pour le service, les «Ailes châlonaises», les aviateurs du coin, organisaient un bal populaire auquel je me suis rendu avec des copains. J'allais de temps en temps au bal, pas tellement pour danser mais pour rencontrer des filles. A cet âge, on a l'impression que si l'on ne sortait pas on raterait une grande aventure, alors qu'en réalité... Toujours est-il que la perspective du tout prochain départ m'avait rendu si morose, voire dépressif, que j'ai eu la réaction la plus primaire et la plus conne que l'on puisse avoir : je me suis saoulé la gueule. Je me souviens avoir engueulé un des directeurs du journal qui comme par hasard était de droite !, qui m'avait refusé des dessins. (A l'«Union», journal issu de la résistance, toutes les tendances politiques étaient représentées). Il y avait dans mon attitude un besoin de régler des comptes, comme si je ne devais pas revenir. Une sorte de désespoir peut-être justifié par le fait que certains jeunes de mes voisins étaient revenus d'Algérie les pieds devant et qu'en 1958, partir au service militaire, c'était forcément partir pour l'Algérie !

EUROPE-ASSISTANCE

DES HOMMES QUI SOULÈVENT DES MONTAGNES

Inédit.

Cet incident, dont avaient été témoins plusieurs collaborateurs du journal qui accompagnaient le directeur en question, devait marquer la fin de ma collaboration à l'«Union», même si, dans les mois qui ont suivi, j'ai envoyé quelques dessins qui furent publiés.

Je crois que malgré les menaces guerrières qui planaient au-dessus de ma tête, ce qui m'embêtait le plus, c'était de ne plus pouvoir dessiner à un moment où, justement, je comptais orienter ma carrière vers le dessin publicitaire, car j'envisageais de quitter le studio et ses boîtes de camembert, et ma participation à «Ici-Paris» où je travaillais depuis peu, était trop épisodique pour me permettre de vivre. Ceci dit, j'avais quand même la trouille.

Il est bien évident que l'on a du mal à s'imaginer Cabu avec un képi vissé sur la tête et donnant des ordres à ses subalternes, et le fait qu'il se soit «contenté» du grade de 2e classe ne devrait étonner personne.

Voici donc notre homme, toujours en civil, qui rallie Port-Vendre par chemin de fer, puis Oran par voie maritime. C'est là qu'après quelques jours d'attente et de désœuvrement, on le vêt du costume que l'on sait et pour lequel il gardera une indicible tendresse.

Le voici donc, en fringant militaire, muté à Bougie, au 9e zouave (ce n'est pas une plaisanterie) où il effectue deux mois de classes très dures, prolongées de deux mois dans un fortin au-dessus de la ville ; le paysage a beau attirer l'œil, en kaki ce n'est pas ça ! Il restera 27 mois dans ce pays de rêve et ne bénéficiera que de deux permissions, au quinzième et au vingt et unième mois, la deuxième n'ayant été arrachée qu'à la suite du don généreux de son sang (ce n'était pas au combat, mais à l'infirmerie !).

Je n'avais pas voulu faire la préparation militaire afin d'éviter d'être gradé ; de toute façon, n'étant pas diplômé, je ne pouvais pas être officier ; car pour être officier, il faut avoir des diplômes !

LE PRESTIGE DE L'UNIFORME EN BAISSE

par le 2e classe Cabu

Une voiture qui rentre, une voiture qui sort, un planton distrait...

et Boum ! Pourquoi assiste-t-on de plus en plus souvent à ces pantalonnades ?

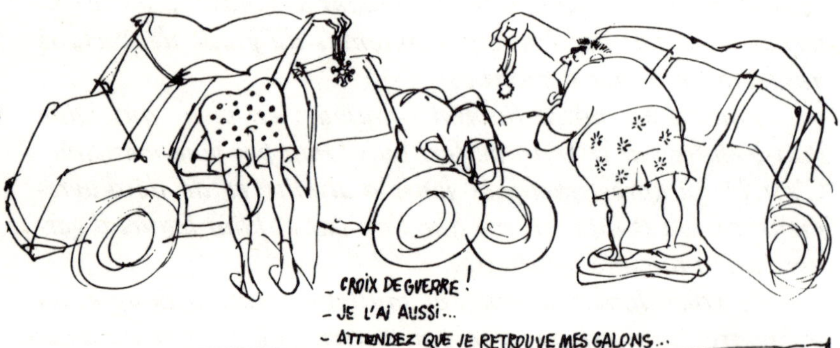

l'officier qui sortait était en train d'ôter son uniforme celui qui entrait était en train de mettre le sien...

sitôt franchi le seuil de la caserne, personne ne veut plus porter l'uniforme. Voyez dans les trains...

«Pilote» n° 600 (1971).

Union Pacifiste n° 223.

Tout de suite, j'ai compris qu'il ne fallait pas être bon au tir, car les bons tireurs devenaient «estafettes» et montaient en première ligne. Alors, durant les exercices de tir, je visais carrément la cible d'à côté si bien que mon voisin, lui, devenait remarquable puisqu'il avait plus d'impacts que de balles !

En arrivant au pas de tir, je chaussais mes petites lunettes d'intello qui me valaient de la part de l'adjudant des réflexions du genre : «C'est à cause de mecs comme toi qu'on va perdre la guerre». Tu parles !

En raison de ma déficience au tir, je ne me suis donc pas retrouvé en première ligne. Une situation peu enviable et particulièrement dangereuse car on précède des hommes armés, il y eut quelques accidents aussi célèbres que regrettables. Ceci ne m'empêchera pas, dès le troisième mois, de participer à des opérations de bouclage, c'est-à-dire qu'on encerclait une région d'environ 5 km de diamètre ; au milieu, dans la zone d'opérations proprement dite, sautaient la Légion et les paras. Nous avions pour mission de tirer sur les hommes qui s'enfuiraient. Nous n'avons jamais eu l'occasion de tirer sur qui que ce soit car nous n'avons jamais vu personne s'enfuir. Nous nous sommes bornés à observer les flammes qui montaient du centre du cercle, il ne nous restait qu'à imaginer ce qui se passait... De préférence, et tant mieux pour nous, c'étaient plutôt les engagés qui allaient au front. Il y avait à notre endroit une juste méfiance. Dans le Sahara, où il n'y avait pas vraiment la guerre, on envoyait les militants de gauche (tous regroupés sous l'appellation «communistes», on ne faisait pas de détails !).

J'ai gardé quelques souvenirs marquants de ces opérations, bien que j'aie essayé de faire le vide sur ce chapitre. Je me souviens, en particulier, d'une opération que nous menions sur un piton. Il se trouve que ce piton était si pointu que les hélicoptères «bananes» qui nous ravitaillaient en eau potable ne pouvaient atterrir sur le sommet, si bien que nous étions obligés de descendre quotidiennement 600 mètres plus bas pour nous coltiner à dos d'homme la flotte dont nous avions besoin.

Nous sommes restés en observation durant une semaine pendant que la guerre, la vraie, celle qui fume et qui explose, se déroulait autour de nous.

Le septième jour, un hélicoptère Alouette est venu atterrir sur le sommet du piton, à son bord un général qui apportait dans un petit container une bouteille de Champagne dans de la glace, qu'il offrit à notre colonel pour fêter la réussite de l'opération. Je n'ai pas pu m'empêcher de penser que si on pouvait apporter du Champagne à un officier, on aurait aussi bien pu fournir les bidasses en eau potable. J'ai réalisé que la caste des officiers appartenait à un autre monde que celui du troupeau dont nous faisions partie...

Un autre souvenir, c'est quand nous transportions deux obus sur notre dos. C'est effrayant de réaliser la charge explosive vivante que nous devenions, je sais bien qu'il faut un sacré choc sur le percuteur pour provoquer l'explosion, mais quand même !

Sans jamais être au cœur des opérations, j'ai vu quelques cadavres algériens recouverts de fourmis et d'asticots, nous allions aider à les ramasser au petit matin des opérations nocturnes de la veille. Les victimes françaises, beaucoup moins nombreuses, avaient été évacuées sur le champ. Ceci dit, je n'ai pas vu de scènes du type Oradour-sur-Glane !

Croquis.

DESSINS DE

CABU

S.P. 86.064

— Qu'est-ce que vous avez encore trouvé pour faire rire vos camarades ?

— « Mignonne, allons voir si la rose... qui... »
— Alors ?

— ...Moi qui étais venu pour vous voir !

— Je ne vous fais pas de promesses en l'air. Je ne vous promets que la vie de château...

— Au jus ! là-dedans !...

— Elle m'aime... un peu... beaucoup...

Sans paroles

«Bled».

Après ces débuts quasiment guerriers, le 2ᵉ classe Jean Cabut est muté au 137ᵉ régiment d'infanterie basé dans les faubourgs de Constantine. Le programme reste pratiquement le même : une opération nocturne par semaine.

Un fellagah va-t-il surgir au-devant du 2ᵉ classe Jean Cabut muni d'un fusil dûment chargé ? Que va-t-il faire ? Va-t-il devenir un assassin bon à décorer ou un traître à la patrie ?

J'ai eu la chance de ne jamais me trouver en face d'un combattant algérien, je n'ai pas été confronté à ce dilemme, mais je crois que comme à l'exercice, j'aurais tiré à côté, de toute façon je n'aurais pas tué un homme, et puis ces gens je les comprenais parfaitement. La situation la plus terrible dans laquelle je me suis trouvé, mais je ne l'ai réalisé que rétrospectivement, c'est qu'au cours d'une opération, dans les rangs adverses il y avait mon ami Boëglin (qui, lui, avait fait le pas). C'est en évoquant nos souvenirs que nous avons réalisé cette fâcheuse coïncidence. J.M. Boëglin, à l'Indépendance, est resté en Algérie pour créer et diriger le Théâtre National Algérien. A l'arrivée de Boumédienne, il s'est reconverti dans le design industriel.

J'ai rencontré un type qui avait fait partie d'une section (pudiquement nommée) de renseignements, laquelle avait pour mission de pratiquer la torture pour faire parler les prisonniers. Il m'a montré des photographies absolument atroces, c'est à cette occasion que j'ai fait la connaissance de la fameuse gégène.

Inédit.

Bigeard n'ira pas à «Droit de réponse».

Pour le recrutement de cette section un peu spéciale, on repérait les fortes têtes du régiment, on leur faisait miroiter quelques avantages du genre nourriture des sous-officiers, fin de la discipline strictement militaire...

Au cœur même des troupes on ignorait ces choses-là, ne serait-ce que parce que les journaux qui en parlaient comme «Le Monde» étaient interdits. De temps à autre, nous voyions bien passer un enterrement...

Au vu du paysage et de la civilisation qui nous entouraient, il était bien évident que nous étions à l'étranger et que le désir d'indépendance des Algériens était parfaitement légitime et qu'il était tout à fait compréhensible et même logique que ces gens-là ne désiraient plus être français, ce qu'ils n'avaient jamais été sinon sur le papier, puisqu'ils étaient en position de colonisés donc en position de dépendance et de soumission. Cela se voyait à l'intérieur même de l'armée française qui comprenait, outre les fameux Harkis qu'on a lamentablement laissés tomber par la suite, de jeunes Algériens qui effectuaient leurs obligations militaires et à qui on confiait les corvées et les tâches les plus ingrates.

Quand on soulevait ce problème avec nos officiers, qui occasionnellement nous réunissaient pour répondre à nos questions, ils nous répondaient qu'il ne fallait pas se laisser embarquer par la propagande et que ce n'était qu'un groupe d'extrémistes soutenus par l'Egypte, dont le noyau se trouvait en Tunisie, qui se soulevait, mais que la population souhaitait rester française. Ils ne croyaient pas du tout à une guerre d'indépendance, preuve les Harkis qui avaient choisi le camp français. Suivait le raisonnement que si la France lâchait l'Algérie, elle tomberait immanquablement aux mains des Russes. Un certain nombre d'officiers croyaient qu'on allait faire une incursion en Tunisie pour démanteler le réseau moteur de la rébellion. C'est vrai que fin 58, il y eut des opérations militaires de grande envergure, et la fameuse bataille d'Alger, c'est à ce moment que les militaires se sont dits trahis par les politiciens.

Après quinze mois opérationnels, le tire-au-flanc Cabut, qui n'a que très modestement réussi en ce domaine, va voir du pays occupé une autre face, le verso, celui du quartier général, celui des militaires au pli impeccable et aux souliers rutilants.

Malgré mes occupations toutes guerrières, j'envoyais des dessins à «Bled» (le magazine de l'armée) où je publiais des dessins humoristiques et les aventures de la fille du colonel (le proviseur des bidasses), ce qui me valut d'être muté au 5e bureau d'action psychologique où j'ai réalisé des tracts pour «la paix des braves», pour le référendum, pour appeler à voter De Gaulle qui représentait une chance de paix et alors soutenu par l'armée. Celle-ci ne pouvait pas se douter qu'il allait la trahir et brader l'Algérie, selon les propres dires des militaires. Puis je me suis retrouvé au quartier général (quartier Velver à Constantine) où la vie se déroulait comme si de rien n'était, de tranquilles généraux déambulaient en automobile conduite par leur chauffeur. Quand on se rendait en ville, on rencontrait une agitation urbaine tout à fait normale, la ville n'était pas en état de guerre, il y avait même du commerce avec des soldats français. De temps à autre, une rue était barrée à cause d'un attentat, mais la vie continuait...

Toujours grâce à mes dessins dans «Bled», j'ai remplacé un prof de dessin, j'ai côtoyé des profs pieds-noirs, assez sympas, qui croyaient dur comme fer à l'Algérie française.

J'ai aussi travaillé pour une riche famille dont la femme était dame d'œuvre et qui m'avait demandé de décorer la crèche dont elle s'occupait. Le sujet m'avait été imposé : il s'agissait de Babar. Pendant un mois, car je faisais durer le plaisir, je me suis tapé Babar, en couleurs s'il vous plaît. A midi, je partageais leur repas, le mari avait le même raisonnement que les militaires, à savoir l'espoir que la France aille porter la guerre en Tunisie, ce que, d'ailleurs, on attendait du général De Gaulle.

Durant cette période, j'ai aussi côtoyé bon nombre de militaires non-actifs, mécanos, cuistots, bureaucrates, mais pour moi, ce sont quand même de vrais militaires, on ne peut pas passer une vie dans le contexte de l'armée sans en épouser les idées. S'ils étaient pacifistes, ils ne seraient pas là !

C'EST UNE TENUE CAMOUFLÉE POUR CAMOUFLER LES CHÔMEURS...
ATTENTION ! VEILLEZ À NE PAS VEXER LES MILITAIRES !
cabu

Inédit.

Peut-être leur fibre militaire vibre-t-elle moins que celle des paras ? Ce qui m'a frappé dans l'organisation de la vie militaire, c'est la déresponsabilisation totale. L'armée materne ses hommes, elles les habille, les nourrit, les loge, leur dit ce qu'ils doivent faire... Il n'y a aucune responsabilité, il n'y a qu'à se laisser aller, un bon bourrage de crâne et le tour est joué, allons enfants de la patrie ! Ce qu'il y a de paradoxal, c'est que l'armée veut donner une image exemplaire de discipline, d'ordre, de rigueur et c'est en son sein que l'on assiste aux pires scènes de connerie élémentaire, à l'exaltation des instincts les plus primaires, y compris les scènes de beuverie effroyables, des concours de canettes de bière, l'affichage de pin-up dignes des meilleures carlingues de nos routiers, la lecture assidue de romans-films, sans parler des grossièretés ordurières de tous poils (jeu de mots !). Est-ce un système basé sur la brimade qui dépersonnalise ? Je me pose la question.

Le moral de l'armée est maintenu par des beuveries, par la déresponsabilité totale, après les opérations on organise un «dégagement», c'est-à-dire qu'est donnée l'autorisation de faire n'importe quelle connerie, ce sont les soupapes de sécurité !

Le ciment du moral des troupes c'est la bêtise !

Le grand mot est lâché : «le moral des troupes», auquel Cabu a si souvent porté atteinte, ce qui lui valut de comparaître onze fois devant la justice.

Pas plus de 0,80 g d'alcool au volant. *Inédit.*

— Je vais demander l'asile politique au Tchad.

Inédit (dessin refusé pour la campagne «Un verre ça va...»).

AH! NON!
JE NE SUPPORTE
PAS LES FEMMES
SAOULES!

Projet de couverture.

Quand on critique l'armée on peut tomber sous l'inculpation de diffamation ou d'injures. Il se trouve qu'on est toujours accusé d'injures envers l'armée c'est-à-dire que le ministère public poursuit, au nom du ministère des armées, et considère qu'il y a injures ; c'est un jugement subjectif, absolu et sans appel et qui n'a pas besoin d'être prouvé. Qui injurie un corps de l'Etat tombe sous le coup de la loi, un point c'est tout !

Par contre, s'il y avait diffamation, il faudrait organiser un débat où chacun essaierait de prouver que ce qui a été avancé par voie de presse est juste ou faux. Eventuellement, l'accusé pourrait porter les preuves de la véracité de ses dires. L'accusation pour injures évite le débat et permet de ne pas laver publiquement son linge sale.

C'était encore pire dans les tribunaux militaires (institution quasiment moyenâgeuse), on ne pouvait pas faire appel, il n'y avait pas de jurés, il y avait trois juges militaires pour deux civils, c'était vraiment une juridiction d'exception.

Pour les gens qui pensent comme moi, la suppression des tribunaux militaires et l'abolition de la peine de mort valaient un bulletin de vote. Pour le reste, l'armée est toujours l'instrument du pouvoir, c'est la grande privilégiée, tout le monde est touché par l'austérité... sauf l'armée !

En ce qui me concerne, j'ai eu six procès pour une affiche contre les tribunaux militaires, j'aurais pu être condamné pour chaque affiche collée, il y en avait des milliers... Les peines allaient de 3.000 à 15.000 francs d'amende.

A Brest, le juge (lecteur de «Charlie Hebdo») nous a symboliquement condamnés à 100 francs d'amende. Le parquet a fait appel (nous aussi d'ailleurs). L'affaire a été jugée une deuxième fois devant la cour d'appel de Rennes où nous avons écopé de 15.000 francs d'amende en ce qui me concerne et d'un mois de prison avec sursis pour le Directeur de la publication, cette affiche était un supplément à «Vie nouvelle, journal des chrétiens marxistes», il se trouve que ce journal m'avait demandé de reprendre un dessin que j'avais fait pour une bande contre les tribunaux militaires.

Le Directeur de la publication était le Pasteur Monod, le fils de Théodore Monod, de l'Institut, pacifiste bien connu.

Le jugement est tombé en juillet 78 dans l'indifférence générale, pourtant un directeur de publication condamné (même avec sursis) à la prison, ça aurait dû faire du bruit. La France était en vacances, elle somnolait.

A la suite de cette condamnation, nous avons ronéoté un tract demandant à tous les comités de ne plus placarder cette affiche afin que le Pasteur Monod ne subisse pas une deuxième peine du même type qui l'aurait irrémédiablement envoyé derrière les barreaux. Nous avons baissé les bras, ils avaient gagné ! L'affiche avait bien marché pendant 18 mois.

J'ai eu également un procès pour l'album «A bas toutes les armées» dont étaient incriminées 17 pages. Je m'en suis tiré avec 6.000 francs d'amende. C'était un bon prix !

J'ai eu aussi un procès pour un dessin que j'avais fait à la suite du scratch d'un avion militaire qui transportait des bidasses qui allaient participer à un jeu radiophonique de RMC. L'avion, par un temps épouvantable, s'est écrasé au cœur des Cévennes où fleurissaient tant et tant de communautés. Si bien que j'avais imaginé que les sanguinaires guerriers fussent transformés en boudins par les communautaires. Je reconnais que j'y étais allé un peu fort, mais enfin, c'était au second degré ! Je me souviens que le Substitut du procureur a parlé d'apologie de l'anthropophagie !

Au siècle dernier, je me serais certainement retrouvé en prison. Ceci dit, le ministre Bourges ne laissait pas passer grand-chose.

Il y a un certain nombre de choses auxquelles il faut faire attention. Par exemple on n'a pas le droit d'écrire que l'armée est l'école du crime (l'alliance armée et crime est inconcevable et injurieuse) mais on peut dire que l'armée apprend à tuer un ennemi. C'est ce que me disait un président de tribunal : «Il y a la manière de s'exprimer, la presse est libre en France, mais il ne faut pas employer des termes injurieux».

Et je répondais qu'à l'armée, durant mes classes, on m'avait appris à tuer des sentinelles par derrière, et comme il me faisait remarquer que nous étions en temps de guerre, à mon tour je lui faisais observer qu'à l'époque on ne parlait pas d'actions de guerre mais d'actions de maintien de l'ordre !

Union Pacifiste n° 236.

«L'armée française, armée de paix».

Inédit.

LES ETRANGES LUCARNES

Tournons la page (ce que vous venez de faire) et quittons l'armée pour regarder ces étranges lucarnes (dixit «Le Canard Enchaîné») où apparaît quelquefois la tête de Cabu, mais aussi celle de Jacques Martin ou de Denise Fabre.

Par un pur hasard, la première émission qu'évoque Cabu est celle où il rencontra (affronta ?) Bigeard. L'armée serait-elle présente partout ?

Tous les jeudis après-midi, j'animais l'émission d'Anne Sinclair, «l'invité du Jeudi». Je faisais, en direct (le direct m'intéresse car il est plus spontané, on ne peut pas tricher et la censure y est difficile) des croquis sur l'invité. Je tenais compte de ses propos, c'était une sorte de commentaire dessiné.

Un jour, l'invité se trouve être Bigeard, à l'époque secrétaire d'état, qui ne me connaissait pas. Il faut dire que ces «messieurs» ne lisent de la presse que ce qu'on veut bien qu'ils lisent dans la mesure où tous les jours un secrétaire leur prépare une revue de presse (articles ou titres découpés dans les journaux) en signalant par un ou plusieurs points en regard les passages importants et ceux qu'il faut lire absolument (cette information, je la tiens de Bigeard lui-même) et je suppose qu'on préservait le général de la vue de «Charlie-Hebdo» sinon il se serait souvenu de moi !

Avant l'émission, nous avons gentiment bavardé et évoqué Maxime Leforestier, et Bigeard m'avait dit : «C'est un bon petit gars, confiez-le moi six mois et j'en fais un para !».

40 ANS DE DÉFAITES ET DE JOGGING
1940
L'INDO
L'ALGÉRIE
LES MULTINATIONALES

Puis l'émission commence et Bigeard se raconte : 39-45, l'Indochine, l'Algérie... puis il ajoute : «Je fais encore mes 7 kms de jogging par jour !».

A ce moment-là, j'interviens graphiquement et j'illustre par un dessin en quatre parties :

- Bigeard courant devant les chars allemands
- Bigeard courant devant les viets
- Bigeard courant devant les fellaghas
- Bigeard courant devant les machines IBM.

Les machines IBM pour montrer qu'il n'avait pas su arrêter l'intrusion des multinationales sur le sol français, l'informatique américaine dominant le marché national.

Et j'intitule le tout : «40 ans de défaites et de jogging». Je l'ai vu blémir et avoir un haut le cœur, Anne Sinclair est intervenue (peut-être avant qu'il ne quitte le plateau) en disant qu'il était de mon rôle de mettre du «poil à gratter», je me souviens de cette expression, et qu'il fallait accepter le jeu et même trois minutes de mauvaise foi. Il est bien évident qu'il s'attendait à tout sauf à ça !

Il croyait que c'était Faizant et c'était Cabu !

A la fin de l'émission, je suis intervenu une deuxième fois, mais c'était moins virulent.

Quand il est parti, il ne m'a pas serré la main, ne m'a pas demandé les dessins comme le faisaient habituellement les autres invités et de loin, m'a dit : «Même en six mois, je n'aurais pas pu faire de vous un para !». C'est dire s'il me considérait comme irrécupérable. Mais quel beau compliment !

A part mes deux interventions, l'émission était toute à sa gloire. Ce qu'il n'a pas supporté, c'est 40 ans de défaites, et pourtant c'est la vérité. Dans sa propre logique, il faut bien reconnaître qu'il n'a participé qu'à des défaites (même en 40, la France et donc l'armée française, a eu besoin des forces alliées pour s'en sortir) et toujours avec cette même logique, toute militaire, il est un mauvais ouvrier puisqu'il ne compte à son actif que des échecs. Ces types sont toujours prêts à donner des leçons mais dans leur spécialité ils ne sont pas brillants ! Mon arme, c'est le dessin, et dès qu'il faut s'expliquer oralement je suis beaucoup moins à l'aise et je me fais avoir par les beaux parleurs qui manient le verbe avec élégance.

Je me suis laissé enfermer par Chancel dans la position de l'antimilitariste primaire ; apparemment, il n'avait lu de moi que «A bas toutes les armées», qui venait de sortir, j'ai quand même un certain nombre d'autres albums dans lesquels je ne bouffe pas du galonné ! A «Apostrophe», j'ai affronté le redoutable Jean Dutour et ses : «Du temps de l'Assiette au Beurre, les dessinateurs avaient du talent». Que répondre ? C'est le genre de réplique absolument imparable, je n'allais quand même pas répondre : «A Charlie-Hebdo, nous avons du talent et nous faisons aussi bien que l'Assiette au Beurre !».

Je me suis rétrospectivement rendu compte qu'à la télé, on a le spectateur dans sa poche quand on n'est pas agressif ; par instinct, il se met du côté de l'opprimé.

Il y avait aussi Jean Yanne, qui ne m'a pas du tout soutenu (je suppose que c'est parce qu'il a le même éditeur que Dutour), pourtant autrefois, il était antimilitariste, mais l'est-il toujours ? Peut-être a-t-il «évolué» ?

Quand on pense à ce que faisait autrefois Jacques Martin (je pense à lui car il a été longtemps le complice de Jean Yanne, et que je me demande si leurs évolutions respectives ne sont pas parallèles), c'était souvent très courageux et très drôle !

Au moment du «Petit Rapporteur», il était venu nous proposer une intervention hebdomadaire au cours de laquelle nous aurions été totalement libres. Après le deuxième passage, il est venu nous dire que notre participation posait des problèmes et qu'il s'était fait taper sur les doigts. Nous avons arrêté !

Quand je vois ce qu'étaient Jean Yanne et Jacques Martin et ce qu'ils sont devenus, je me pose des questions sur l'avenir, devient-on forcément un vieux con ?

L'humour de Jacques Martin serait excellent si on y sentait la dérision, mais au premier degré, on sent bien que son public le prend au premier degré, c'est épouvantable, il glorifie la connerie humaine, il promeut le gaspillage et le mauvais goût. Il fait du «France-Dimanche», et voulant plaire à tout le monde, par une apparente gentillesse et un sourire à toute épreuve, il devient une mécanique.

Télérama n° 1686 du 5 mai 1982.

Télérama n° 1691 du 9 juin 1982.

Au départ, ses idées ne sont pas mauvaises, mais l'exploitation en est détestable. Un gamin qui vient chanter Dalida, ça peut être très drôle et en plus ça peut décortiquer la chanson et en montrer la pauvreté, mais dans la mesure où le jeu, grâce à un coup de mièvrerie mercantile et à un sourire calibré, permet la promotion de la vedette, Non !

Au cours d'une de ses émissions «Incroyable mais vrai», il a demandé à un maximum de soldats de s'engouffrer dans un char ; le résultat fut spectaculaire : 45. Ensuite, il lança un appel à toutes les armées pour battre ce record, heureusement il n'y a pas eu de suite.

Ma «meilleure aventure» avec Jacques Martin, c'est à la sortie du numéro 1 de «Charlie-Matin», j'avais fait une critique de son émission, et le dessin était passé au journal télévisé, à l'occasion de la naissance du canard, et le caméraman s'était complaisamment attardé sur lui.

Inédit.

Il avait trouvé scandaleux qu'un collaborateur d'Antenne 2 se permette de critiquer un collègue de la même chaîne. Je ne vois pas pourquoi la critique se limiterait aux personnes extérieures aux maisons qui nous emploient. Il a fait du chantage auprès de la Direction en demandant que je sois viré, sinon il ne poursuivrait pas l'enregistrement de son émission du dimanche suivant. D'un côté, il y avait 500 mille francs, de l'autre Cabu. J'ai donc été suspendu, j'ai bien cru que c'était la fin de ma collaboration à Antenne 2. Il y eut des réactions de la part des animateurs et des techniciens avec qui je travaillais, ils signèrent une pétition qu'ils remirent à Jacqueline Joubert (directrice des programmes Jeunesse) qui est intervenue auprès d'Ulrich (le patron) et ce qui aurait du être un renvoi définitif s'est commué en suspension de six semaines.

Par la suite, Jacques Martin a prétendu qu'il ne voulait pas ma tête et qu'il souhaitait seulement que la Direction le soutienne contre cette attaque... Il me semble que quand on fait de l'humour, ou que l'on croit en faire, on peut accepter d'être critiqué. Il fut pourtant un temps béni où Jacques Martin et Jean Yanne sur les ondes radiophoniques ne se privaient pas de vitrioler leurs contemporains. On a l'impression que, jouissant d'un pouvoir gigantesque, la moindre attaque touche son hyper-sensibilité et l'écorche vif !

Télérama 1982.

Cabu contestataire aux prises avec la télévision, rien de plus normal. Il est bien qu'ainsi le petit écran jouisse d'un souffle sain et libérateur, qui remet en question le ronron quotidien et permet aux cervelles endormies la petite gymnastique nécessaire au réveil salutaire.

A la télévision, on a aussi vu le gentil Cabu, celui que les enfants reconnaissent dans la rue et qui animait avec Dorothée (la star des plus jeunes), Zabou et William Leymergie, «Récré A 2». Rien ne le prédisposait à animer une émission enfantine, ni son coup de crayon incisif, ni ses publications antérieures. Et voilà que subitement, nous découvrons un Cabu pour tous, de 7 à 77 ans !

William Leymergie avait envie de faire imaginer, de semaine en semaine, par des enfants qui téléphoneraient, une histoire qui serait réalisée au fur et à mesure par un dessinateur. Pour ce, il me choisit, à cause de la lisibilité de mon dessin, me confia-t-il plus tard ! Le résultat fut réuni en album chez Dargaud sous le titre «Maraboudficelle» et n'eut qu'un succès très modeste, ce qui tout compte fait, est très rassurant et prouve que la télévision ne suffit pas pour vendre un produit qui ne correspond pas à l'attente du public. C'est un échec qui fait du bien.

Il faut dire que le bouquin est assez disparate, influencé aussi bien par Tintin que par Goldorak, qu'il manque d'unité et qu'il aurait fallu remodeler le tout et le rendre plus rigoureux.

Cette expérience personnelle m'a permis et m'a obligé à travailler plus vite, directement sans crayonné, à cadrer de façon plus simple (l'image de la télé étant très furtive, elle doit être efficace !), à supprimer des arrière-plans sans une grande utilité.

J'ai travaillé 9 ans avec l'équipe de Dorothée qui, à ses débuts, jurait bien qu'elle ne serait jamais la Chantal Goya du petit écran.

Je me suis beaucoup amusé au sein de cette sympathique troupe animée par une Jacqueline Joubert soucieuse de qualité malgré des moyens modestes qui ne lui ont pas toujours permis de concrétiser ses désirs. Jusqu'au jour de Juillet 87 où notre star s'en est allée vers d'autres horizons.

En ce qui me concerne, j'avais la possibilité de la suivre sur la Une. Je n'ai pas voulu, entre autres parce que l'émission est maintenant conçue par Jean-Luc Azoulay, le producteur de Dorothée. Il concocte l'émission à sa façon, rémunère le personnel, négocie les dessins animés et vend le produit fini — 22 heures hebdomadaires — sans que TF1 ait le moindre droit de regard. Comme ce Monsieur est producteur des disques AB, on peut supposer qu'il favorisera ses poulains. L'émission coûte cher, puisque forcément il prend son bénéfice, donc demande plus d'espaces publicitaires, si bien qu'elle doit être sans cesse interrompue par la publicité. On peut toujours parler de programme éducatif après ça. Trois minutes de la vie des animaux et dix minutes de Coca-Cola ! De surcroît je n'avais pas envie de travailler pour le privé.

Claude Berda et Jean-Luc Azoulay. *Inédit.*

Inédit.

C'est en écoutant Europe 1 que Jacqueline Joubert, productrice de Récréa 2, a été avertie du départ de Dorothée, celui-ci était déjà effectif. Il ne lui restait plus qu'à relancer son émission, à engager de nouveaux figurants. Je crois que le coup a été dur, car c'est elle qui avait découvert Dorothée et qui, d'une speakerine en a fait une vedette pour les enfants. Tant d'ingratitude l'a certainement choquée si bien qu'elle a repris du service alors qu'elle devait prendre sa retraite. Elle a constitué une nouvelle équipe, solide et dynamique qui a tenu un an.

J'apparaissais moins à l'écran car je travaillais au vidéographe (modèle Michel Tréguer, le seul réalisateur polytechnicien, un appareil très sophistiqué, conçu spécialement pour moi). L'émission était construite avec moins de séquences de plateau. J'en ai dessiné un générique animé. A ce sujet on a pu remarquer que sur la Une, à la demande de la production, le décorateur de l'émission a continué les aventures de Dorothée et m'a allègrement plagié. Un gamin m'a dit : «Sur la Une, y'en a un qui décalque tes dessins».

Dans cette seconde mouture de Récréa 2 ce fut un plaisir de travailler pour les gosses. En particulier j'animais une séquence assez sympa : la leçon de dessin. Je montrais à un enfant comment il fallait faire pour dessiner, par exemple Mitterrand à partir d'une cafetière renversée. Je disposais d'un système qui permettait de voir la construction du dessin par transparence.

Sakarof a pris du poids à Gorki, il fait du lard.
1987. Inédit.

Durant l'été 88, Cabu rencontre Daniel Patte dans les couloirs de la télévision. Celui-ci demande des dessins pour un concours patronné par le pain d'épices Vandamme. Il s'agissait de réaliser un dessin par jour au cours de l'émission Télé-Matin dont Daniel Patte est producteur. Au bout d'un mois le concours s'arrête, Cabu est sollicité pour intervenir au vidéographe pendant l'émission. Il accepte malgré l'horaire fort matinal 6h30 - 8h30.

C'est une émission d'actualités et de rubriques diverses. Je fais un dessin quand le sujet m'inspire, c'est le réalisateur qui décide ou non de le passer. Certaines fois il le juge inopportun. On sait qu'il ne faut pas plaisanter avec la mort, sujet tabou par excellence. Si par mégarde j'avais représenté Sakarov en rappelant qu'il était à l'origine de l'invention de la bombe H, le dessin n'aurait pas apparu sur le petit écran. Un mort est lavé de ses fautes, il n'est pas décent de l'attaquer ou simplement de plaisanter.

Curieusement j'arrive à passer des dessins que le «Canard» me refuserait. L'image de télévision est furtive et permet des audaces que la presse écrite refrène.

Inédit.

AVANT LA "BETACAM"
cabu

...AVEC LA "BETACAM"
SOLUTION : donner une BETACAM à chacun pour avoir 4 fois plus d'images...

Il semblerait que ce qui est imprimé porte plus à réflexion. Il faut remarquer que le bebête-show qui est diffusé pourtant à une heure de grande écoute est plus audacieux que la presse écrite (et dessinée). Par exemple au lendemain de la mort de Pelat, la marionnette Kermitterrand disait en substance : «J'ai liquidé Pelat parce qu'il commençait à me courir sur le haricot». On pense au scandale si un dessinateur s'était amusé à représenter Mitterrand «liquidant» son ami Pelat. Tout compte fait on se sent petit garçon à côté des audaces du bebête-show ou des Nuls (enfants directs de Charlie hebdo, dixit Wolinski).

Ceci étant dit certains dessins que je fais et qui attaquent la publicité seraient certainement refusés sur une chaîne privée pour qui la pub est vitale. Je fais également du dessin purement politique. D'ailleurs un matin dans la séquence «Les 4 vérités» Joxe était invité. C'était le lendemain de l'attentat contre le DC 10 qui s'est éparpillé dans le Sahara. Il ne souhaitait pas parler de cet accident et a quasiment refusé de répondre sur ce sujet aux questions du journaliste. A la fin je l'ai représenté affirmant : «Tout ce que je peux vous dire c'est que cet avion ne revolera pas de si tôt». Ce n'était pas très méchant mais très significatif de la langue de bois. Il s'est mis en colère et a juré qu'il n'était pas prêt de remettre les pieds dans les studios d'Antenne 2. J'aime beaucoup la télévision parce qu'un bon dessin qui passe en direct, qui fait réagir spontanément, c'est du journalisme sur le vif.

Il m'arrive de mettre trop de temps pour faire un dessin si bien que quand j'ai fini, la séquence — généralement de 2 ou 3 minutes — est passée et je n'ai plus qu'à effacer mon travail pour en exécuter un autre. Je dispose de 2 écrans pour travailler, je peux donc avoir un dessin d'attente.

Dans l'émission on passe 4 clips du genre à la mode : «cris et chuchotements remixés Top 50». Je bricole des trucs en surimpression et ça me fait plaisir de mettre mon grain de sel sur cet étalage de fadaises. J'ai l'impression de faire œuvre de salubrité publique et de venger ceux qui subissent l'outrage : Je dénonce en direct !

CHIRAC MENACE...
CAUSE TOUJOURS!
PASQUA MENACE...
CAUSE TOUJOURS!
LÉOTARD MENACE:
LE MUNDIAL SERA-T-IL RE-TRANS-MIS ?
AH! NON!.. QUE FAIT LA POLICE ?

Inédit.

IL S'ENTRAINAIT DANS LA PISCINE POUR REMPLACER DECHAVANNE...
...DANS L'ÉMISSION "TOUTES FOLLES DE LUI"!

Télé-Poche.

Polac, amateur de dessins, avait envie d'employer des dessinateurs. Il m'avait demandé d'animer son émission, sans pour cela que j'y sois définitivement attaché. Il pensait son émission un peu statique (la suite lui prouva que non) et le dessin provoquait une rupture de ton. L'idée était excellente et le principe était celui de l'intervention directe et spontanée. Bon nombre de dessinateurs m'ont succédé pour ce travail.

J'étais en régie et sur un cadran de 20 cm de côté, je dessinais à l'aide d'un stylet électronique et le dessin s'inscrivait directement sur l'écran en superposition de l'image.

Comme un bon potache qui barbouille son livre d'histoire, je me suis amusé à affubler les invités de moustaches, de lunettes et autres accessoires. J'ai orné d'une moustache, d'un képi et de menottes, Pastre, le représentant CGT des gardiens de prison. Cette innocente plaisanterie a été très mal vue, d'abord par les invités qui ne se sont aperçus de rien pendant l'émission (il y a pourtant de nombreux écrans de contrôle) et qui se sont plaint d'avoir été ridiculisés publiquement, ainsi que par la presse qui comme Jacques Lanzmann dans «V S D» trouvait scandaleux que l'on se paye la tête des invités.

C'est incroyable ce que la télé sacralise !

Elle sert à transmettre les informations, la messe (peut-être est-elle la messe des temps modernes !) et on ne peut pas bafouer l'image qu'elle donne, chacun doit y apparaître sous son meilleur jour, glorifié !

Dès la deuxième émission, mes dessins ne passaient plus en direct mais étaient mis en mémoire, si bien que je n'intervenais que quelques minutes plus tard, pour ne pas couper la parole à l'intervenant, ce qui occasionnait un décalage gênant entre les paroles prononcées quelques minutes plus tôt et le dessin. Le système sophistiqué perdait son impact puisque je n'intervenais plus directement, autant dessiner sur du papier et être filmé.

Il y avait là un moyen technique formidable qu'on aurait pu employer au cours d'un journal télévisé, mais qui fait tellement peur qu'on le banalise.

C'est fou ce que la télé effare et comment un peu de vie, un moment de quotidien peut devenir un authentique scandale.

Les gaités de la Mondovision...

Croquis.

Je me souviens d'un «Droit de réponse» auquel participaient des militaires haut gradés. Polac, connaissant mes convictions antimilitaristes, me demanda de me modérer au vidéographe où j'opérais, au moins pendant la première demi-heure, afin d'éviter que les invités quittent le plateau.

Progressivement j'ai mis le paquet et ces messieurs les gradés ont encaissé avec le sourire et n'ont pas eu le moindre geste de mauvaise humeur. Leur conseiller en communication les avait mis en garde et les avait préparés à toutes éventualités, au cours d'une véritable répétition. Avec Cabu au pupitre, on pouvait effectivement entrevoir le pire.

Très dignes, ils ont donné de l'armée l'image sereine qu'ils voulaient faire passer et rien ni personne ne pouvait les empêcher de délivrer leur message de propagande.

Les dessins de Cabu pour l'émission de Choisir

Cabu a illustré le nouvel ordre moral (1), le refus de ceux qui contestent le remboursement de l'IVG mais pas celui des cirrhoses (2) et les propos de M. Chirac qui prétend que si les femmes françaises ne font plus d'enfants, nous serons bientôt envahis par « les hommes du Sud »... (3 et 4).

1

2

4

3

Tout compte fait, l'émission consacrée à la mort de «Charlie-Hebdo» et au cours de laquelle il y eut quelques altercations, une gifle et des bousculades, n'était rien d'autre qu'une bonne empoignade entre gens d'opinions différentes, comme on peut en voir tous les jours dans les bistrots de France et de Navarre.

A la télé, ça devient un événement national, il n'y a qu'à voir dès le lendemain l'importance que lui a accordé la presse.

Bernier, un peu éméché et que l'on n'avait pas placé à la table des rédacteurs en chef, ce qui eut le don de l'irriter, face à des gens de «Minute», le principe de Polac était de mettre en présence des gens qui, à priori, ne sont pas faits pour se rencontrer et c'était l'inévitable explosion.

Les assistantes étaient catastrophées, elles croyaient que c'était la dernière émission, en réalité, elle y a gagné un terrible regain de publicité car tout le monde s'est mis à la regarder et à attendre la bagarre.

Les intentions de Polac étaient tout à fait louables, il allumait un feu qui devait continuer à brûler après l'émission, c'est-à-dire qu'il pensait que les spectateurs allaient poursuivre le débat chez eux, c'était très ambitieux ! Il donnait la parole à des gens que l'on ne voyait jamais à la télévision, il a invité des régionalistes qui ont enfin pu s'exprimer publiquement.

Ceci dit, avec 40 personnes sur le plateau, 90 minutes ne suffisaient pas pour que tout le monde s'exprimât et il planait un sentiment de frustration. Le spectateur, lui, se trouvait frustré quand il n'y avait pas de pugilat.

Depuis la rentrée 82, Siné, Loup et moi-même intervenions dans «Droit de réponse». Nous réalisions la revue de presse, six dessins chacun, inspirés des titres ou des articles de presse de la semaine, chacun intervenant en toute liberté, selon son humeur. A la projection, cette séquence durait trois minutes, cette rapidité avait l'avantage de «laisser sur place» les «mal comprenants» qui n'avaient ni le temps d'assimiler ni de réagir*, alors que pour la réaliser il nous fallait quasiment une journée de travail.

Télérama.

Tout commençait chez Loup vers 10 heures, nous décortiquions la presse et choisissions nos thèmes, que nous exécutions sur papier. A 18 heures, nous nous rendions chez Providéo, à qui il fallait plus de deux heures pour photographier les dessins et les fixer sur la pellicule, le temps de passage était très méticuleusement calculé pour que le téléspectateur ait le temps de voir le dessin, de lire la bulle en veillant cependant à ce que le temps ne soit pas trop long pour ne pas lasser l'œil, c'était une question de secondes.

Ensuite, un autre studio s'occupait de la synchronisation.

Siné, Loup et Monique Tarbès faisaient les voix, après eux intervenait un bruiteur. C'est vers minuit que le produit était terminé. Un produit drôlement bien foutu, bien animé, bien bruité. Avec nos modestes crobards, ils faisaient un véritable dessin animé, enfin presque !

Union Pacifiste.

J'ai appris le renvoi de Polac le mardi 15 Septembre 1987, vers 18h30, je portais des dessins pour la séquence sportive de Récréa 2, animée par Vincent Gerharts. Il me fit part de la dernière dépêche tombée sur les téléscripteurs : TF1 engage une procédure de licenciement contre Michel Polac. J'ai été très surpris. Au cours du dernier enregistrement des «Rebuts de presse», Polac nous confiait : «nous sommes tranquilles jusqu'en Juin». Il savait qu'à ce moment-là il aurait à se battre pour l'horaire. Il voulait débuter l'émission à 22 heures. Il y tenait beaucoup et la direction de TF1 le lui avait promis. Il était confiant, heureux d'avoir de bons thèmes pour les émissions à venir : les ventes d'armes, les privatisations... Il semble d'ailleurs que ces projets aient beaucoup joué dans la décision de renvoi. On est en droit de se demander s'il n'y a pas eu une entente avec la CNCL, Chirac et Bouygues : en échange du départ de Polac, la CNCL freinait l'installation des émetteurs de la 5 pour que TF1 puisse faire main basse sur le marché publicitaire. D'autre part, Bouygues ne souhaitait certainement pas que soient débattus sur son antenne des dossiers qui pouvaient mettre le pouvoir dans l'embarras.

Le dessin de Wiaz (maison de maçon, télé de m...) — tout le monde l'a compris — était un prétexte. Bouygues s'est rendu compte du culot de Polac quand celui-ci a évoqué les pots-de-vin pour la construction du pont de l'Ile de Ré en présence de Merlin qui renchérissait en affirmant qu'ils étaient chose courante et que d'ailleurs lui-même payait par chèque.

De plus le téléspectateur apprenait que ce pont en construction n'avait pas d'existence légale.

Les pots-de-vin sont un sujet tabou pour un patron qui est resté un maçon et qui ne supporte pas que ses employés brocardent l'entreprise pour laquelle ils travaillent. Polac s'est fait virer non pas comme un présentateur insolent mais comme un mauvais ouvrier. Au passage on remarquera que ce qui a été dit au cours de l'émission n'a pas été démenti.

Le «message» a été reçu par les journalistes de TF1 qui ont bien compris ce qui leur restait à faire s'ils voulaient continuer à travailler dans la maison. D'un seul coup ils ont réalisé qu'ils étaient passés du service public à la télé privée. Jusque-là ils n'avaient pas eu conscience que les choses avaient changé. Le renvoi de Polac a eu l'effet d'une douche froide sur le personnel.

A la télévision les hommes politiques sont habitués à recevoir des coups, (les patrons du béton, non) ; d'ailleurs ils préparent leurs émissions, s'attendent aux questions les plus difficiles, les plus insolentes et les plus techniques. Leurs conseillers en communication ont pratiquement tout prévu, voire l'improbable. Quand un politicien se présente devant les caméras, il est blindé, rien ne le surprend. Il attend les attaques et sert la réponse adéquate qu'il a préparée. Il a prévu ses effets de manches, ses petites phrases assassines — que la presse reprendra le lendemain — à l'endroit de ses adversaires ou contradicteurs. Il s'agit tout simplement d'une joute oratoire dont les règles sont définies et connues à l'avance. Chacun sait l'importance des médias et aucun leader ne se présenterait sans préparation.

Inédit.

Polac a toujours établi un dossier qui pouvait déranger ses patrons successifs. Il voulait en faire un sur les Maisons Bouygues, il l'avait d'ailleurs annoncé. Il semblerait que ces constructions ne soient pas si mal que ça car il n'avait rassemblé que quelques maigres éléments contestataires. Par contre il avait un rapport copieux sur les maisons Phénix. Il s'est dit que s'il faisait un dossier en dénonçant les malfaçons Phénix on ne manquerait pas de dire qu'il faisait le jeu de son patron et qu'il était un vendu. La suite prouva le contraire.

Polac était le symbole de la libre expression et de la liberté à la télévision, il en est devenu le martyre. Je souhaite que son cas fasse réfléchir les téléspectateurs, y compris ceux qui sont possesseurs d'actions TF1 et qui à l'occasion ont pu juger de leur impuissance dans les affaires de la chaîne. Il faut reconnaître que la vague d'indignation qui a déferlé à la suite de son départ est sans précédent.

Inédit.

On sait que les gens passent beaucoup de temps devant leur téléviseur. Il reste à savoir ce qu'ils retiennent. Toujours est-il que l'image télé est omniprésente dans les foyers français.

Le téléspectateur croule sous la publicité et des informations insipides du genre résultats du loto, du tiercé, des rencontres sportives. Le clinquant des images, le choix des sujets chocs, l'apogée du scoop font que le raisonnement est banni du petit écran. L'information est fugitive et superficielle. Le tourbillon des images enivre le consommateur qui devient un récepteur passif.

On pouvait espérer que la télévision soit un magnifique instrument de culture et d'informations... Elle est devenue une machine à vendre de la lessive.

Cabu a bien d'autres souvenirs de télé et de radio, mais ils sont moins marquants. Une prestation en père tranquille à «Apostrophe» sur le thème : «Des personnages bien français» pour défendre «mon beauf». A la radio, trois passages au «Tribunal des flagrants délires» de Claude Villers, comme témoin de Fred puis de Dorothée et une fois comme invité, trois occasions d'interpréter une chanson de Charles Trenet, ce qui lui valut de chanter, quelque temps plus tard, à la télévision dans l'hommage à Charles Trenet (avec Nougaro, Duteil, Charlebois...), chez Jean-Louis Barrault, où il interpréta la Tarentelle de Caruso, soutenu par un grand orchestre, une merveilleuse sensation dont il se souvient avec plaisir, «c'est autre chose que de chanter à la fin d'un repas de noce», confie-t-il.

Nous retiendrons que, pour Cabu (et nous le suivons volontiers dans cette appréciation), aussi bien en télé qu'en radio, il n'y a que le direct ; là au-moins on ne triche pas !

* Jean Marie Le Pen en avril 84 a réagi aux dessins des trois compères et a porté plainte pour injures (injures, pas diffamation). Ce qui leur valut une amende de 18.000 frs chacun (prise en charge par la chaîne à la demande de Polac).

Les colis de Noël du professeur Choron
1980
cabu

PROMENADE AU SQUARE

Les Editions du Square ont, pendant vingt ans, largement contribué à l'éclosion de Cabu et de bien d'autres et au renouvellement de l'expression journalistique.

L'histoire du Square est aussi l'histoire de Cabu (et vice-versa). Mais avant d'arriver au Square, le chemin fut quelque peu long, tortueux... et semé de gags qui n'étaient pas drôles !

J'ai débuté dans ce que traditionnellement on appelle la grande presse (grande par le nombre de ses lecteurs) : «Ici-Paris», «Match», «Le Pèlerin»... où je présentais des dessins d'humour, enfin des dessins dits d'humour, c'était purement alimentaire, je ne jouissais alors d'aucune liberté d'expression. Le problème est que si on veut être publié dans un journal, il faut présenter un travail qui correspond parfaitement à ce qu'attend le lecteur ; on n'a pas le droit de le décevoir. C'est d'ailleurs le travail du rédacteur en chef, et en principe de son équipe, de sélectionner les articles, les photographies et les dessins en fonction du créneau choisi. Chaque publication s'adresse à une frange de lecteurs, si jamais le journal «évolue» et ne correspond plus à ce qu'attend le lecteur, il le laisse tomber et le journal se casse la gueule, il faut être très prudent pour mener l'évolution d'un journal qui représente un refuge, un lien avec le lecteur.

Il y a des journaux pour «beaufs», pour intellos, pour crétins notoires, pour bricoleurs... Et ce que l'on présente à un journal bien souvent ne peut pas convenir à un autre. Ce qui est publié dans «Ici-Paris» serait refusé à «Libé» et vice-versa, chacun chez soi, Wolinski à «Hara-Kiri» et Faizant au «Figaro» !

LA 3e GUERRE MUNDIAL
SERA BACTÉRIOLOGIQUE
ET S'APPELLERA
LA TURISTA !
J'AI LA RATE QUI S'DILATE
LE COCCYX QUI S'DÉVISSE
LE STERNUM QUI S'DÉGOMME
L'ESTOMAC RAPLAPLA
L'INTESTIN QU'EST PAS SAIN
LES COMMENTAIRES SPORTIFS ÉTANT INUTILES À LA TÉLÉ, LES ENVOYÉS SPÉCIAUX APPELLENT LEUR MÈRE À LONGUEUR DE MICRO.
DE MEXICO NE NOUS PARVIENT QU'UNE LONGUE PLAINTE SUR TOUT CE QUI MARCHE MAL DANS CE PAYS.
LA FRANCE AUX FRANÇAIS !.. ET POUR LE MEXIQUE, UNE BONNE EXPÉDITION COLONIALE !
Cahier de doléances
CARTON JAUNE !
Cabu
L'ARBITRE AUX CHIOTTES !
J'EN VIENS !
AH ! BORDEAUX !.. BONJOUR À TOUS NOS AMIS DE BORDEAUX ... ET UN PETIT BONJOUR AUX NANCÉENS SI CHERS À MICHEL PLATINI ... SANS OUBLIER LES SUPPORTERS DU P.S.G BIEN ENTENDU
J'EN PROFITE POUR VOUS RAPPELLER QUE MICHEL PLATINI VIENT DE PUBLIER CHEZ GALLIMARD : "MES PLUS BELLES COLIQUES".
FAITES-GAFFE, LES MEXICAINS !.. ON VA VOUS ENVOYER LA LÉGION ÉTRANGÈRE !..
HEYSEL
ON VA REJOUER CAMERONE !
ALORS !.. TU AS ÉCHAPPÉ À LA "TURISTA" !
... MAIS PAS À LA "TOURÉSTA" !
EAU
JOSÉ TOURÉ REÇUE PAR DOROTHÉE ET JACKY DANS "RÉCRÉA 2"
(DIALOGUE AUTHENTIQUE)

Disons que les journaux se regroupent par familles, chaque famille correspondant à un groupe de lecteurs.

Certains des dessins que je présentais à «Ici-Paris» étaient expurgés pour présentation au «Pèlerin». Si la fesse sied bien pour «Ici-Paris», elle rebute au «Pèlerin».

Le rédacteur en chef sait ce qui correspond à son auditoire, l'idéal pour moi serait de pouvoir faire du Cabu dans les journaux à l'humour traditionnel et bien français, je souhaiterais, avant de mourir, avoir pu m'exprimer dans un maximum de supports. N'importe quel titre, même «Minute», si je pouvais y jouir d'une totale liberté — pour «Minute» c'est de l'utopie pure. Une tribune antimilitariste dans «Minute» quel pied !

J'ai travaillé à l'époque du Mundial pour «L'Equipe». C'est un journal qui, par essence, ne correspond pas à mon public habituel (A «Charlie-Hebdo», tout compte fait, je ne prêchais que des convaincus !), il y a bon nombre de beaufs-supporters et de snobs-intellos qui pratiquent le tennis et le jogging. C'est amusant cette juxtaposition du sport pour la populace, avec bières, banderoles, et coq gaulois, et le sport à la mode, avec lunettes noires, cigarillo et crocodile. Il y a ceux pour qui seul le résultat compte et ceux qui disent apprécier la performance et l'élégance, en principe du moins !

Je pouvais y aborder des problèmes que «L'Equipe» ne traite pas forcément, comme l'importance du fric dans le sport.

Cette expérience m'intéresse et je voudrais pouvoir la multiplier. Pour moi, l'humour, comme le dit Cavanna, c'est un coup de poing dans la gueule, il faut que l'humour dérange, qu'il «interpelle quelque part», comme disent les snobs du «Tout Paris». C'est bien le grand mérite de Fred, Cavanna et Bernier d'avoir créé un journal où on pouvait s'exprimer librement, où on pouvait déranger, se railler des tabous. «Hara-Kiri» était le premier journal d'expression humoristique.

ROLAND-GARROS : CONSEILS AUX RESQUILLEURS

Attention aux faux billets ! Empruntez plutôt les poubelles

La resquille idéale : se faire la tête de Chatrier.

La "Nomenklatura" a son goulag : le "village" sponsorisé. Caviar et Champagne. Aucune resquille possible

25000 caleçons "R.G" vendus en 5 jours. Rupture de stock.

Quoi de neuf à Roland Garros ? Eh bien, les caleçons !

La resquille du 3e age. Ça peut marcher.
«J'ai connu personnellement Monsieur Roland Garros...»

Et les sponsors ? Pourquoi se limiter au SUCRE ?

Roland Garros est un monde idéal. Pas de hooligan. Sinon quelques resquilleurs.

Voilà, le mot est prononcé : «Hara-Kiri» première pierre de l'édifice «Editions du Square», qui donnera le jour à «Hara-Kiri» (mensuel et hebdo), «Charlie» (hebdo, matin et mensuel), «BD», «Surprises», et à des dizaines d'albums, qui révèlera au grand public les Wolinski, Reiser, Gébé, Cavanna, aujourd'hui consacrés vedettes de la B.D., du théâtre, du cinéma ou de la littérature.

Voici donc la saga des Editions du Square, une saga émaillée de réflexions, de jugements et d'opinions...

J'avais rencontré Fred à «Ici-Paris» et au «Pèlerin» ; le seul journal qui payait les dessins à la livraison et non à la publication comme les autres. Il m'a présenté à Cavanna et j'ai démarré au numéro 3, qui en fait était le premier numéro commercialisé (les deux premiers, de petit format, avaient été vendus au colportage), il y avait Pellotch, Do Carlo, Vicq, Lob, Topor...

L'Equipe Magazine.

MAUVAIS VRANÇAIS DANS UNE VOITURE BOCHE FUSILLÉ !
C'EST TOUT CE QUE T'AS TROUVÉ COMME GONZESSE POUR UNE VOITURE DE MON STANDING ?
TU VAS VOIR TON BONUS TIENS ! TU VAS VOIR TON BONUS, TIENS !
POUR ALLER CHERCHER UN PAQUET DE CIGARETTES TU CRACHES DANS L'ATMOSPHÈRE AUTANT DE GAZ CARBONIQUE QU'UN CHEVAL PENDANT UN MOIS !
T'AS L'AIR CON LÀ-DEDANS... T'AS L'AIR CON LÀ-DEDANS...
C'EST À TOI QUE ÇA S'ADRESSE !
NON ! C'EST À TOI !

Gébé et Wolinski sont arrivés et petit à petit le journal a pris la forme qu'on lui connaît. Le sous-titre «bête et méchant» est venu à la suite de la lettre d'un lecteur qui engueulait Bernier et qui lui faisait le reproche d'être bête et méchant, formule populaire bien connue. Le slogan était excellent, il fut adopté ! Il faut dire qu'à ce moment-là, la formule était audacieuse car elle décourageait l'éventuel lecteur qui la prenait au premier degré, mais celui-ci, il est vrai, ne pouvait être un lecteur d'«Hara-Kiri». Elle avait un côté anti-commercial, tout comme le titre d'ailleurs : le journal qui se suicide à chaque numéro.

Cavanna a défini le canard comme un journal d'humour et non comme un journal qui se devait de choquer. Il faut, en faisant de l'humour, pouvoir se moquer de tout, du cancer, des infirmes (hypocritement appelés, aujourd'hui, handicapés) et même de soi et de ceux qui se prennent au sérieux : curés et militaires en particulier. Les Editions du Square ont donné naissance à une véritable équipe. Tous les lundis, pour «Charlie-Hebdo», nous nous réunissions rue Choron, il y avait un billard sur lequel nous cassions la croûte. Au début, Jean-Christophe Averty nous avait donné un sérieux coup de main avec la séquence «Les jeux bêtes et méchants du Professeur Choron» dans son émission «Les raisins verts». Paradoxalement il se montrait quelque peu délicat quand nous dégustions de la tête de mouton dont nous extrayions la délicieuse cervelle.

Ainsi donc, «Hara-Kiri» est sur la bonne voie, mais si la voie est tortueuse, elle est aussi parsemée d'embûches politico-judiciaires et Anastasie veille.

Il faut préciser ici qu'une interdiction à l'affichage implique l'interdiction de distribution par les messageries.

Ce qui signifie que le public croit que le journal n'est interdit qu'à l'affichage et que le lecteur potentiel peut quand même se procurer un exemplaire du «fruit défendu» en le demandant gentiment à son marchand favori. En réalité il n'en est rien, le journal n'a aucun moyen d'arriver au kiosque (on ne peut imaginer une entreprise de presse distribuer son propre journal dans les 50.000 points de vente éparpillés à travers la France).

Merveilleuse hypocrisie de la censure qui tue un journal sans en avoir l'air !

Le public croit à une brimade, il s'agit d'un assassinat. (A ce propos, on se reportera utilement à «Bête et Méchant» de Cavanna, éditions Belfond, page 231 et suivantes).

Les vieux démons.

En 64, la première interdiction est tombée pour outrage aux bonnes mœurs. Etaient incriminés des dessins de Topor, une couverture de Fred, et des photos exhibant des poitrines féminines ! Les choses ont quand même beaucoup évolué et des journaux comme «L'Enragé» de Siné et «Hara-Kiri» ne sont certainement pas étrangers à cette évolution.

Il faut remarquer que pour le public, le photomontage est plus choquant qu'un dessin. Il est assimilé à la photo-témoin, il est pris tel qu'il est au premier degré sans interprétation, sans humour ! Et puis, sur un photomontage, on a sa vraie tête, celle de tous les jours, celle que les voisins, ou le public, connaissent. D'ailleurs, la plupart des procès qui nous ont été intentés ont eu pour point de départ des photomontages ; alors qu'il est pratiquement certain que la même situation dessinée serait passée. Et si je suis le dessinateur qui a le plus de procès à son actif, c'est parce que j'ai un dessin réaliste, donc celui qui se rapproche le plus de la photographie, donc de la vérité ! A propos de photographie, il faut quand même dire que Madame Dalida l'avait bien cherché, par une affiche provocante hypocritement porno. Notre photomontage n'était qu'un acte de légitime-défense, nous n'avons fait que pousser l'idée jusqu'au bout de ses intentions.

Légitime-défense qui nous valut, avec la plainte de Bardot (qui s'était vue vieillie et édentée sur la couverture de Hara-Kiri) de débourser la modique somme de 210.000 francs. Bernier et Cavanna qui étaient de fervents admirateurs (amoureux secrets) de la star érotique des années 50, ont été profondément déçus par le manque d'humour de cette dame, car vraiment il n'y avait pas de quoi fouetter un chat ! (ce qu'elle n'aimerait pas non plus, en raison de son attachement à la cause animale !).

Ce qu'il y a de regrettable, c'est que, quand un procès a un petit retentissement, il déclenche une réaction en chaîne et les procès se suivent. Après Dalida, il y eut Bardot, déjà citée, Denise Fabre, Chantal Goya. Nous avons échappé de justesse à celui qu'avait envie de nous intenter Jacques Martin représenté, en photomontage, le pantalon tendu, présentant un tendron à «l'école des fans» !

Avant.

D'après la «Vénus à tiroirs» de Salvador Dali.

Pendant.

B.B. n'est pas contente.

Après.

Par contre, nous n'avons jamais de procès d'hommes politiques, ont-ils plus d'humour ? Est-ce de l'indifférence ? Ou le fait qu'on les nomme est-il plus important que ridicule ?

Car même en les traînant dans la boue, on leur fait de la publicité puisqu'on parle d'eux.

C'est aussi le problème des fausses publicités «Hara-Kiri». En voulant démontrer et ridiculiser le système, on ne fait que le servir. Comme nous employions le véritable sigle des marques, une grande partie des lecteurs croyaient qu'il s'agissait de publicités authentiques rémunérées. En voulant ridiculiser un produit et en faire de la contre-publicité, on ne faisait que de la publicité et on faisait vendre le produit. Là aussi, nous avons créé un style, depuis «les Nuls» ont réalisé d'authentiques contre-publicités. Déjà le banquier qui s'adressait à ses clients en leur disant : «votre argent m'intéresse» ne manquait pas de cynisme. Quant à la mère Denis aussi archaïque que son lavoir qui vantait un appareil électrique moderne... C'est le détournement du produit, merci «Hari-Kiri» !

Nous avons eu des marques de sympathie de certains «annonceurs» : les pantalons «Lafond» nous ont fait parvenir un pantalon pour chacun de nous. Non seulement ils ne manquent pas d'humour mais ils ont bien vu l'intérêt de la chose.

Par contre, les croque-morts de la C.G.T. se sont retournés contre le journal pour s'être reconnus sur une photo trafiquée.

Sept croque-morts à la barre pleurant parce qu'on les avait photographiés et qu'on s'était moqué d'eux, la scène n'est pas aussi triste qu'il y pourrait paraître.

A la suite d'affaires de ce genre, car il y en eut bien d'autres, Bernier prit la précaution d'utiliser des photos d'agences étrangères. Par contre, «Air-France» nous a intenté un procès pour un montage, très réussi, sur le thème «A Air-France on mange bien». On voyait un avion qui s'était écrasé sur une montagne, en relation avec l'actualité, les cadavres épars étaient gavés et avaient encore des cuisses de poulet entre les dents.

Le Figaro littéraire, 25 janvier 1971.

Les idées venaient au cours des réunions, très souvent elles émanaient de Cavanna et Bernier (c'est Bernier qui avait trouvé le fameux : Bal tragique à Colombey : un mort !). Ils les proposaient aux dessinateurs qui faisaient des essais, ce qui donnait les fameuses «couvertures auxquelles vous avez échappé». Ces dessins, dont certains étaient remarquables, nous avons essayé de les réemployer dans le mensuel «Mords-y-l'œil» qui n'a pas marché du tout et dont chaque numéro était consacré à un personnage.

Aux réunions, l'idée de l'un était reprise puis améliorée par un autre, c'était un véritable foyer d'émulation, on se serait cru dans un café-littéraire, très agréable, on écoutait Cavanna qui a une faculté extraordinaire de décortiquer l'histoire et en particulier d'analyser les périodes transitoires.

Parmi toutes ces idées, un beau jour, un gag génial a jailli : créer un quotidien qui se saborderait de lui-même au numéro 2. Au départ, l'idée était de se foutre d'«Actuel» qui avait cessé sa parution en disant : «Nous ne sommes pas comme certains journaux qui n'ont plus rien à dire et qui continuent», allusion directe à «Charlie-Hebdo». Le projet d'un quotidien avait quand même été discuté, on sentait venir la fin de «Charlie-Hebdo», et le quotidien organisé en deux équipes successives aurait pu donner une formule nouvelle, profitable et durable, qui sait ?

J'étais favorable à ce genre d'essai, tout comme Bernier, Gébé et Hugot... mais...

«HARA-KIRI» dans son numéro 252 a traité à sa façon l'accident de Beaune, dans une rubrique intitulée «Les grands événements de l'été».

L'Association pour la défense des familles des victimes et un certain nombre de leurs parents nous ont assignés devant le Président du Tribunal de grande instance de Paris pour demander la saisie du journal.

La presse traditionnelle qui a relaté l'événement me paraît cent fois plus condamnable, en montrant des gens dans la peine, dans le désespoir et la détresse, des gens que l'on pouvait identifier et reconnaître, alors qu'«HARI-KIRI» n'avait publié que des documents photographiques sans rapport avec l'accident puisqu'il s'agissait de photographies de l'agence SIPA relatant, l'une un massacre de missionnaires en 1976, l'autre un tremblement de terre à Bucarest en 1977. Quand Choron fait une plaisanterie (de mauvais goût ?), tout le monde s'offusque. Quand la télévision guette à la sortie de l'hôtel de ville les mères en pleurs qui viennent d'apprendre la mort de leur(s) gamin(s), tout le monde trouve ça normal ! Ce n'est pas de la provocation, ce n'est pas une atteinte intolérable à la douleur, ce n'est pas d'un goût douteux, c'est l'actualité ! toute simple ! toute pure !

Inédit.

NOUVEAUX DRAMES AU SAHEL

Les photographies, les titres et les commentaires de la grande presse n'ont scandalisé personne, ils n'ont fait que faire vibrer la corde de la sensibilité populaire. Le Professeur Choron ne faisait que dénoncer l'exploitation de la souffrance par ceux qui ne pensent qu'à en tirer un maximum de fric.

Il était certainement celui dont les intentions étaient les plus pures et les plus honnêtes. Il ne se moquait ni des morts, ni de ceux qui souffraient ! Il a été banni pour avoir parodié une presse nécrophile. Je crois qu'il s'agit de la dénonciation d'un syndicaliste CGT, employé aux NMPP qui habitait Crépy-en-Valois, qui a téléphoné au maire pour signaler la publication des photos «honteuses» dans «HARA-KIRI». On peut quand même supposer que les familles dans le malheur n'avaient pas eu envie de lire ce mois-là un journal d'humour, fut-il «HARA-KIRI».

Un coup de téléphone à l'avocat qui a vu certainement une bonne occasion de remplir sa cagnotte et le coup d'envoi était donné… «HARA-KIRI» condamné à blanchir les deux pages incriminées, mais par quel moyen ?

Revenons sur les cendres de «Charlie-Hebdo», essayons d'analyser la chute et surtout ce qui a fait de «Charlie-Hebdo» un journal pas comme les autres, et de son équipe des marginaux-vedettes.

Au départ, Cavanna, quand il choisissait un collaborateur, lui confiait chaque semaine un emplacement qui pouvait aller du simple quart de page à plusieurs pages, et il lui donnait carte blanche, si bien que le collaborateur utilisait cet espace comme bon lui semblait, mais il n'en demeurait pas moins que le résultat était discuté après parution, si bien que tout en laissant toute liberté au créateur, Cavanna marquait quand même le journal de son regard et donc de son empreinte.

Il se trouve que depuis quelques années, peut-être en raison de ses occupations, et de son succès littéraire, Cavanna avait lâché la bride et ne contrôlait plus guère le journal (de nouveaux collaborateurs qu'il n'avait pas choisis sont venus apporter un esprit différent) qui est un peu parti dans tous les sens, échappant à l'indispensable volonté du rédacteur en chef et notamment perdant sa virulence politique pour devenir un deuxième «Hara-Kiri». Vidé de sa substance politique, une frange de lecteurs l'a abandonné, elle n'a pas été remplacée par un apport de nouveaux lecteurs. «Hara-Kiri» et «Charlie-Hebdo» touchaient deux publics différents, même s'il y avait un certain nombre de lecteurs communs, il fallait que les deux produits soient foncièrement différents.

Cavanna a été un véritable rédacteur en chef qui pouvait juger en connaissance de cause les dessins qu'on lui portait pour avoir été dessinateur lui-même, ce qui, il y a 20 ans, était très rare. La responsabilité du choix des dessins était généralement confiée à des gens qui étaient des bureaucrates, des gratte-papiers, et qui n'y connaissaient strictement rien, et dont le choix parfaitement subjectif déterminait de la survie de tel ou tel dessinateur. C'était le cas, en particulier, de Madame de Monfort, à «Ici-Paris» (l'ancienne secrétaire de Monfort) qui par un simple «NON» signé H. de M. (pour ne pas que l'on puisse les lui représenter plus tard) faisait revenir les dessins dans leurs cartons d'origine. De temps en temps, elle demandait son avis à sa propre secrétaire, tout aussi spécialisée qu'elle, qui, bien entendu, abondait dans son sens ; elle n'était ni assez maligne ni assez audacieuse pour contrarier sa patronne.

— Vous le trouvez drôle celui-là ?

— Oh, non Madame !

Les conseils de Zitrone à la veuve Andropov.

Financièrement, ce n'est pas le journal qui faisait le trou, mais des dettes antérieures, il y avait une comptabilité globale des Editions du Square et non une comptabilité titre par titre ou par secteur. Je crois que le trou financier s'est creusé à la création du journal «BD» qui (lancé avec force publicité très onéreuse malgré la participation bénévole de Coluche) n'a pas marché et comme, pour des raisons techniques, plusieurs numéros étaient imprimés à la fois, quand on a voulu rectifier le tir il était trop tard. Au début, on traînait un peu la nostalgie de l'âge d'or américain qui ne correspondait pas à ce que les lecteurs attendaient. Le journal s'est maintenu un an, mais il a créé un manque financier irréversible aux Editions du Square et malgré la bonne volonté évidente des auteurs, toujours prêts à céder leurs droits sur les albums, la catastrophe n'a pu être évitée. L'actualité intéressait le lecteur dans «Charlie-Hebdo» (qui a tiré jusqu'à 200.000 exemplaires sous le règne de Pompidou) qui était curieux de voir comment nous allions traiter les événements importants qui lui étaient appris par les radios, la télévision et la presse «bien pensante». «Charlie-Hebdo» aurait dû cerner l'actualité de près, il aurait ainsi répondu à l'attente légitime des lecteurs frustrés, c'est ce que «Le Canard Enchaîné» a parfaitement compris, il colle à l'actualité immédiate et comme le dit Fresson, son directeur, c'est un hebdomadaire qui est en réalité le quotidien du Mercredi.

3 septembre 1986, Télérama n° 1911.

A sa mort, «Charlie-Hebdo» avait encore 30.000 lecteurs, bien d'autres journaux n'en ont pas autant, c'est un chiffre tout à fait honorable qui doit, en principe, assurer la survie d'un titre. Alors ?

Cavanna pensait qu'il fallait parler des problèmes généraux parce que l'actualité est fugace et vite oubliée, mais justement un hebdo est fait pour être vite oublié, alors qu'il appartient davantage à un mensuel de traiter des problèmes de société. «Hara-Kiri» est quasiment intemporel, on se marre toujours en lisant les anciens numéros. Cavanna a raison dans son principe, mais ce principe-là n'est pas bon pour vendre du papier. Nous n'avons pas fait une seule couverture sur le projet de loi «Sécurité et Liberté» qui pourtant a fait couler beaucoup d'encre, je suis persuadé que les lecteurs attendaient de nous voir prendre position sur ce sujet brûlant, ne serait-ce que pour le plaisir de nous voir nous foutre de la gueule de Peyrefitte. Les changements incessants de formule, en 81, ont précipité la mort du journal, car chaque changement fait perdre des lecteurs (qui ne reconnaissent plus le journal auquel ils sont attachés) et n'en gagne pas pour autant, l'expérience prouve qu'il est toujours dangereux pour un journal de changer de formule, le lecteur s'habitue à un format, même si celui-ci est passé de mode (comme le «Canard» qui a un papier médiocre et une mise en page dépassée) le lecteur a besoin de retrouver le même produit car celui-ci fait partie de ses habitudes. Les éditeurs de «Détective» l'ont bien compris, le journal interdit, on a vu apparaître «Qui Police ?» qui était quasiment le même journal, même si le titre est différent. Un journal est fragile, il vit grâce à une certaine complicité avec ses lecteurs, si pour une raison quelconque cette complicité disparaît, le journal meurt.

Ainsi se pose le problème du contenu du journal. Cavanna n'a pas l'esprit soixante-huitard, il n'a jamais admis que l'on puisse donner la parole à tout le monde, y compris aux plus cons, il dit que si c'est bien beau de laisser parler le premier con venu, on en a marre au bout de dix minutes, ce en quoi il n'a pas tort, et qu'il est plus intéressant d'écouter ceux qui ont quelque chose à dire. Il recherche l'intelligence et il a raison, pourtant quelquefois il n'est pas bon de s'arrêter sur un a priori et certaines gens ont besoin de confiance et de temps pour arriver à s'exprimer.

Pour la marche d'un journal, le rédacteur en chef a besoin d'être dirigiste, afin de forger un esprit pour que le journal ait une certaine unité et puisse ainsi trouver sa cible dans les lecteurs potentiels. Pourtant, il me semble bon que le journal puisse de temps à autre profiter d'un bol d'air frais, d'une innovation, d'une trouvaille, de l'apport d'un sang nouveau.

A un certain moment, nous nous sommes demandés si nous devions publier des lettres de lecteurs, sachant que plus de 90 % du courrier reçu est strictement sans intérêt (engueulades systématiques ou gargarismes pseudo-intellectuels de plumitifs frustrés qui n'apportent rien). C'est vrai que dans certains journaux où le courrier n'est pas bidon comme dans TELE 7 jours, le rédacteur en chef prend la responsabilité de donner la parole aux plus cons, ça aussi c'est un choix ! Cependant, une page ouverte aux nouveaux talents aurait certainement été profitable, il est vrai que nous avons accueilli Caster et Berroyer, nouveaux arrivés particulièrement talentueux et qui nous permettaient de rejeter l'accusation de «maffia» de copinage et de manque d'ouverture sur l'extérieur. Delfeil de Ton avait proposé quatre pages sous sa direction, un journal à l'intérieur du journal, il aurait fait une sorte de Canard Enchaîné plus musclé, un journal en prise directe sur l'actualité. A mon avis, c'était une idée salvatrice qui aurait pu donner un second souffle à un journal qui expirait.

«Charlie-Hebdo» est mort, vive «Charlie-Hebdo» ! et déjà il est entré dans la légende. On a beaucoup parlé des réunions du Lundi soir, il paraît évident que ces réunions ouvertes à tous étaient le ciment d'une équipe (et même si les bouteilles glougloutaient quelque peu), elles entretenaient de bonnes relations de travail et d'amitié.

Il y avait à «Charlie-Hebdo» une véritable équipe (au sens de la complémentarité de chacun par rapport aux autres) qui regroupait différentes sensibilités. C'était une véritable démocratie, même si certains ramenaient leur grande gueule pour affirmer que la démocratie n'est un régime idéal que si tout le monde est intelligent, des tendances différentes cohabitaient sans heurts, et la confiance régnait.

C'est quand même le journal où j'ai vu la plus grande liberté, voire la liberté totale accordée à un dessinateur. En ce qui me concerne, je n'ai jamais subi aucune censure ni aucune pression !

Au sein de cette équipe, ont pu s'exprimer la non-violence, habituelle chez moi, force de caractère chez Cavanna, l'anarchisme, contre les institutions telles l'armée, la religion, l'écologie avec quand même un remarquable projet de société proposé par Gébé qui, avec son «AN 01» peut être considéré comme un grand utopiste, et le remarquable Fournier, véritable chantre de l'écologie, disparu prématurément selon la formule consacrée.

Une équipe qui ne s'occupait pas de la gestion et qui en aurait été bien incapable, conduite par Bernier, seul capable de gérer la survie de la maison, capable de se battre, de rouler des banquiers, de maintenir un équilibre précaire, sans jamais se remplir les poches, suant sang et eau pour la cause, notre cause, jusqu'au jour où, acculé, il nous a vendus à Albin Michel puis à Dargaud.

2 avril 1979.

Le couple de l'année : Pilote mensuel épouse Charlie mensuel.

NUIT DES CÉSARS (SUGGESTION)
Prix du courage et de l'abnégation...
décerné à MIOU-MIOU...
...pour avoir tourné, dans le même film (*)
avec Eddy Mitchell ET Roger Hanin !
(*) ATTENTION ! UNE FEMME PEUT EN CACHER UNE AUTRE

LE BEAUF OFFICIEL

Créateur du personnage du «Beauf», CABU n'allait pas laisser échapper l'occasion qui lui était donnée par l'arrivée d'un Beauf officiel et croustillant.

Un physique, des rôles, une image de marque, une situation privilégiée et ambiguë, il n'en fallait pas plus pour que Roger Hanin (vous l'aviez reconnu) dispute le premier rôle à la Mère Denis.

Un moment, Roger Hanin a été mon cheval de bataille, acteur de second plan miraculeusement propulsé à l'avant de la scène politique et artistique. Je trouve son cheminement particulièrement intéressant, voilà un type qui pour le moins, n'a pas marqué de son empreinte des chefs-d'œuvres impérissables et s'il eut quelques jolis rôles dont il se tira très bien («Le Coup de Sirocco», par exemple, d'ailleurs il excelle dans les rôles d'épicier, puisqu'on le revit dans la blouse de l'emploi dans «Au bon beurre» de Jean Dutour !), il a commis des navets notoires par Tigres* interposés (obtiendra-t-il pour ceux-ci le grand pardon ?) et qui soudain profite d'une situation privilégiée (qu'il n'a d'ailleurs pas cherchée). Il se dit dans les milieux du cinéma que si on a Roger Hanin dans son film on profite d'un meilleur circuit de distribution, celui-ci étant, et on le sait bien, le secret de la réussite ou de l'échec financier. Je suis persuadé qu'il n'a rien fait en ce sens et qu'il ne s'agit que d'une forme d'auto-suggestion galopante.

Pour moi, Roger Hanin symbolise une certaine image du français moyen, grande gueule, un peu lourd, aussi bien physiquement qu'intellectuellement.

On sait qu'il n'est jamais bien loin de Mitterrand, et après avoir été le tigre on peut se demander s'il n'est pas devenu vraiment le gorille ?

* Films qui sont malgré tout l'apologie de la force au service du pouvoir, et du pouvoir au service de la force.

Un jour à «Pilote», Goscinny montre à Cabu quelques planches de Reiser. Notre homme les trouve excellentes, bonnes à publier. Il lui fait part de son enthousiasme. Si bien que le rédacteur en chef les lui confie... pour les dessiner.

Cabu n'ose rien dire ; il remercie et exécutera le travail demandé (voir pages 112 à 121).

Ce n'est que bien plus tard que Goscinny osera publier Reiser dessinateur.

Télérama.

REISER

J'ai fait la connaissance de Reiser en octobre 1960.

Dès la première rencontre, Cavanna avait décelé en lui un dessinateur de grande classe, ce qui n'était pas évident à cette époque où Reiser, livreur chez Nicolas, signait GIEM (Jean-Marc).
Son enfance difficile (que l'on connaît maintenant) en avait fait un homme mûr avant l'âge. Il avait accumulé une énergie fabuleuse et une volonté farouche de s'en sortir que l'on ressentait bien dans ses dessins.

Au début, Reiser était très réservé, il ne parlait pratiquement jamais. Au fil des ans il était devenu très volubile et parlait avec passion de ses lectures et de ses découvertes. Il s'intéressait beaucoup aux techniques solaires, il avait en projet des inventions dignes d'un Léonard de Vinci ; avec l'architecte Bota il concevait des maisons solaires tout à fait fonctionnelles.

En ce qui concerne le dessin il avait une technique toute particulière, il ne faisait pas d'esquisse et partait de l'élément important, la bouche d'un type qui gueule par exemple, puis il construisait autour. Il était devenu un très bon coloriste à l'aquarelle. Il s'était fait un style efficace et inimitable.

Il disait qu'il ne se sentait pas concerné par l'actualité, mais ses dessins reflétaient bien une vision du monde. En plus d'être un dessinateur, Reiser était un philosophe ; d'ailleurs, il avait un personnage qui s'appelait «le petit philosophe».

Je crois qu'il avait été assez content de voir son œuvre portée au théâtre. Il envisageait même d'écrire spécialement pour le théâtre. Quant au film... Reiser est mort trop tôt.

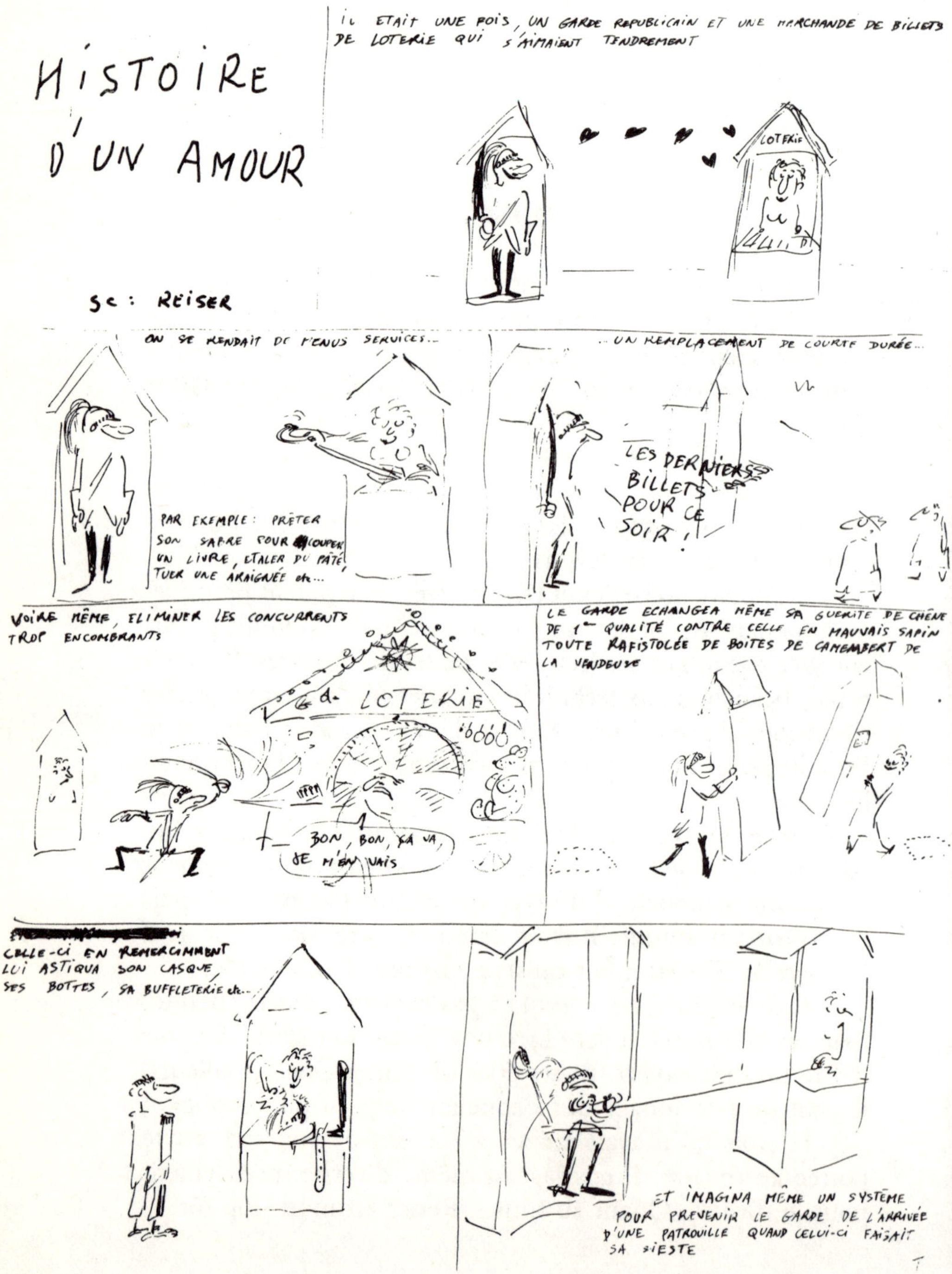

HISTOIRE D'UN AMOUR
Sc : REISER
IL ETAIT UNE FOIS, UN GARDE REPUBLICAIN ET UNE MARCHANDE DE BILLETS DE LOTERIE QUI S'AIMAIENT TENDREMENT
LOTERIE
ON SE RENDAIT DE MENUS SERVICES...
PAR EXEMPLE : PRÊTER SON SABRE POUR COUPER UN LIVRE, ETALER DU PÂTÉ, TUER UNE ARAIGNÉE etc...
...UN REMPLACEMENT DE COURTE DURÉE...
LES DERNIERS BILLETS POUR CE SOIR !
VOIRE MÊME, ELIMINER LES CONCURRENTS TROP ENCOMBRANTS
Gd. LOTERIE
BON, BON, ÇA VA, JE M'EN VAIS
LE GARDE ECHANGEA MÊME SA GUERITE DE CHÊNE DE 1re QUALITÉ CONTRE CELLE EN MAUVAIS SAPIN TOUTE RAFISTOLÉE DE BOITES DE CAMEMBERT DE LA VENDEUSE
CELLE-CI EN REMERCIMMENT LUI ASTIQUA SON CASQUE, SES BOTTES, SA BUFFLETERIE etc...
ET IMAGINA MÊME UN SYSTÈME POUR PREVENIR LE GARDE DE L'ARRIVÉE D'UNE PATROUILLE QUAND CELUI-CI FAISAIT SA SIESTE

Histoire d'un Amour...
scénario de REISER
dessins de cabu
Il était une fois... un garde Républicain et une vendeuse de billets de Loterie qui s'aimaient tendrement. Il lui rendait...
LA QUILLE
...de menus services, par exemple : prêter son sabre pour étaler du paté ou couper des pages...
Je Reviens de suite
...LES DERNIERS BILLETS POUR CE SOIR !
... un remplacement de courte durée ...
LOTERIE DES ANCIENS COMBATTANTS
BON, BON, ÇA VA, J'M'EN VAIS...
... voire même : éliminer les concurrents trop encombrants...
Le garde lui proposa a échanger sa guérite en bon chêne contre celle, toute rafistolée, de la vendeuse, mais....
...la difference de taille était trop grande. Touchée par tant de gentillesse, elle lui astiqua ses grandes bottes...
... et alla même jusqu'à inventer un système pour prévenir le garde de l'arrivée de la patrouille pendant sa sieste...

BREF C'ETAIT LA BELLE VIE, QUAND UN JOUR, UN EGOUTIER
VINT S'INSTALLER À QUELQUES MÈTRES DE LÀ SOUS PRETEXTE
DE VAGUES TRAVAUX
TOUT DE SUITE, LE GARDE REPUBLICAIN
LE TROUVA ANTIPATHIQUE.
IL EST VRAI QUE L'EGOUTIER NE FAISAIT RIEN CONTRE... OUTRE
VASTE
LE FAIT QU'IL POSSÈDAIT UNE CABANE NETTEMENT PLUS
QUE CELLE DU GARDE, IL NE PERDAIT PAS UNE OCCASION DE
MONTRER QU'IL AVAIT AUSSI DES BOTTES BEAUCOUP PLUS
GRANDES
DE PLUS, IL SIFFLAIT À MERVEILLE... LE GARDE
REPUBLICAIN AUSSI SAVAIT SIFFLER...
...MAIS, LUI SON REGLEMENT
LE LUI INTERDISAIT.
LE MOMENT DE LA JOURNÉE QUI EXASPERAIT LE PLUS NOTRE
GARDE ETAIT LE DEJEUNER QUAND L'EGOUTIER FAISAIT RECHAUFFER
SOIT UN PETIT CASSOULET DES FAMILLES, SOIT UNE BLANQUETTE DIVINE...
ALORS QUE LA CANTINE DE LA CASERNE LAISSAIT
ECHAPPER DE GRASSES EMANATIONS DE RAGOUGNASSE FETIDE.
LE GARDE REPUBLICAIN ESSAYA BIEN DE LUI FAIRE MIROI-
TER LES LES AVANTAGES DE SA SITUATION...
PRIORITÉ DANS LES
EMPLOIS RESERVÉS
1/4 DE PLACE DANS
LES CHEMINS DE FER
AVEC POSSIBILITÉ
DE RETRAIT LIQUIDÉE
AVEC ANTICIPATION
SES RENDEZ-VOUS GALANTS
FURENT ACCUEILLIS CHAQUE
JOUR AVEC UN PEU PLUS DE
FROIDEUR...
BEUEUEU

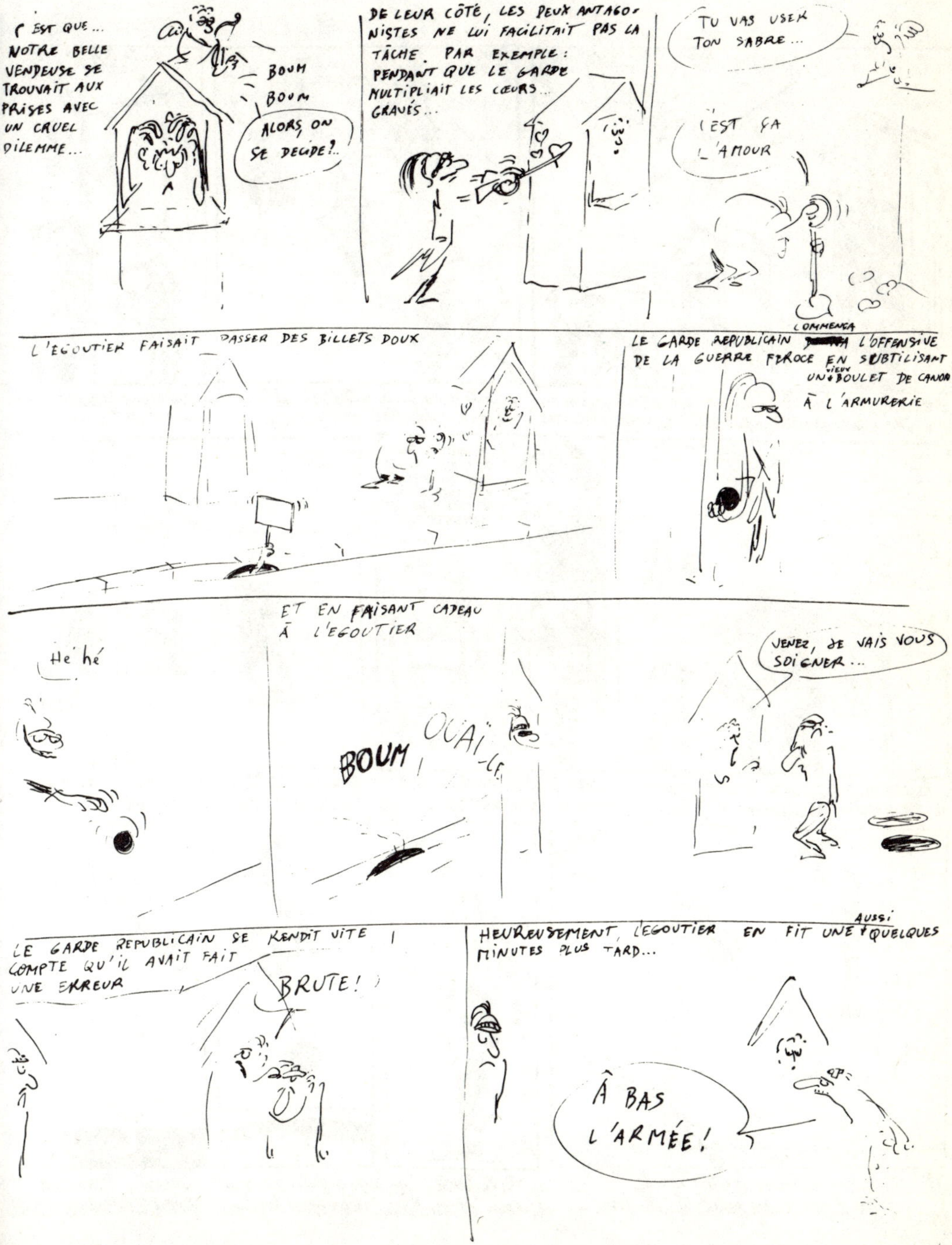
C'EST QUE... NOTRE BELLE VENDEUSE SE TROUVAIT AUX PRISES AVEC UN CRUEL DILEMME...
BOUM BOUM
ALORS, ON SE DECIDE?..
DE LEUR CÔTÉ, LES DEUX ANTAGONISTES NE LUI FACILITAIT PAS LA TÂCHE. PAR EXEMPLE: PENDANT QUE LE GARDE MULTIPLIAIT LES CŒURS GRAVÉS...
TU VAS USER TON SABRE...
C'EST ÇA L'AMOUR
L'EGOUTIER FAISAIT PASSER DES BILLETS DOUX
LE GARDE REPUBLICAIN COMMENÇA L'OFFENSIVE DE LA GUERRE FEROCE EN SUBTILISANT UN VIEUX BOULET DE CANON À L'ARMURERIE
Hé hé
ET EN FAISANT CADEAU À L'EGOUTIER
BOUM
OUAI
VENEZ, JE VAIS VOUS SOIGNER...
LE GARDE REPUBLICAIN SE RENDIT VITE COMPTE QU'IL AVAIT FAIT UNE ERREUR
BRUTE!
HEUREUSEMENT, L'EGOUTIER EN FIT UNE AUSSI QUELQUES MINUTES PLUS TARD...
À BAS L'ARMÉE!

Bref, c'était la belle vie... Lorsqu'un jour, un égoutier vint s'installer à quelques mètres, sous prétexte de vagues travaux...
... tout de suite, le Garde Républicain trouva l'égoutier antipathique...
...Outre qu'il possédait une guérite plus vaste...
...la cantine de la caserne laissait échapper de grasses odeurs de ragougnasse fétide!...
...RETRAITE AU BOUT DE 15 ANS, PRIORITÉ DANS LES EMPLOIS RÉSERVÉS, QUART DE PLACE DANS LES CHEMINS DE FER...
Alors, le garde se mit à faire miroiter les avantages de sa pro...
...fession à la petite vendeuse, mais ses rendez-vous galants furent...
...accueillis
... l'autre n'arrêtait pas de faire passer des petits billets doux...
...Alors le Garde Républicain déclencha...
...les hostilités avec un vieux boulet de canon...
OUAILLE !!!
...ramassé à l'armurerie et dont il fit cadeau...

il montrait qu'il avait aussi
les bottes plus grandes...
De plus, il sifflait à merveille et le garde n'avait pas le droit de siffler, lui...
...Lorsque l'égoutier faisait réchauffer un petit cassoulet ou une blanquette divine, c'est toujours à ce moment-là que...
chaque jour avec un
eu plus de froideur...
...ALORS, ON SE DÉCIDE ?
BOUM BOUM
Ah! cruel dilemme pour notre petite vendeuse...
...Il faut dire que les deux antagonistes ne lui facilitaient pas...
TU VAS USER TON SABRE !
C'EST ÇA L'AMOUR, MON VIEUX !
...la tâche : tandis que l'un multipliait les cœurs gravés...
... à l'égoutier...
Brute.!
...Le Garde Républicain se rendit aussitôt compte qu'il avait fait une erreur... Heureusement...
À BAS L'ARMÉE !!!
...l'égoutier en fit une aussi, quelques minutes plus tard...

DIRE "ÇA" DEVANT UNE VENDEUSE DE BILLETS DES COLS BLEUS, DES AILES BRISÉES, DES GUEULES CASSÉES...
BIEN FAIT
BIEN FAIT
PAYSAN!
ON OBSERVA UNE PETITE TRÊVE À L'OCCASION DE LA MOUSSON
MAIS COMME LA MOUSSON, SOUS NOS LATITUDES EST DE TRES COURTE DUREE, VOIRE MÊME, INEXISTANTE, LA PETITE GUERRE SOURNOISE REPRIT, VITE, GAGNANT EN SOURNOISERIE CE QU'ELLE AVAIT PERDU EN FEROCITÉ.
VOUS SAVEZ QU'IL VIT TOUTE LA JOURNÉE AU MILIEU DES RATS?
À RESTER DEBOUT COMME ÇA, TOUT LE TEMPS VOUS POUVEZ ÊTRE SÛRE QU'IL A DES VARICES...
QUAND JE PENSE À TOUT CE QUE J'AI FAIT POUR VOUS TOUT DE MÊME..
VOUS SAVEZ, SI VOUS VOULEZ QUE JE VOUS FASSE VISITER LES EGOUTS, IL FAUDRA ETRE PLUS GENTILLE...
À LA FIN, FURIEUSE DE VOIR SALIR DE SI NOBLES SENTIMENTS PAR DES ÊTRES AUSSI FRUSTES, LA VENDEUSE DE BILLETS FIT SES BAGAGES ET PARTIT
LE GARDE REPUBLICAIN QUI VOYAIT ÇA S'ÉVANOUIR TOUS SES RÊVES DE CHAUDE AMBIANCE FAMILIALE, SENTIT LA MOUTARDE LUI MONTER AU NEZ...
ET LES EXPLICATIONS COMMENCÈRENT, EN EMPLOYANT LES TERMES CLASSIQUES DE TOUTES LES BONNES HISTOIRES D'AMOUR.
C'EST DE TA FAUTE, T'AURAIS MIEUX FAIT DE SURVEILLER TA MAUVAISE HALEINE
ON NE T'A JAMAIS DIT QUE TES DESSOUS DE BRAS INCOMMODAIENT?
ET TES PELLICULES C'EST PROPRE ÇA!
OR PENDANT CE TEMPS LA BELLE VENDEUSE [redacted] COURRAIT UN GRAVE DANGER...
CAR, PENDANT TOUTE CETTE IDYLLE L'ÉCOUTIER AVAIT FORTEMENT NEGLIGÉ SON TRAVAIL...
AAAAH
PLOUF
TV

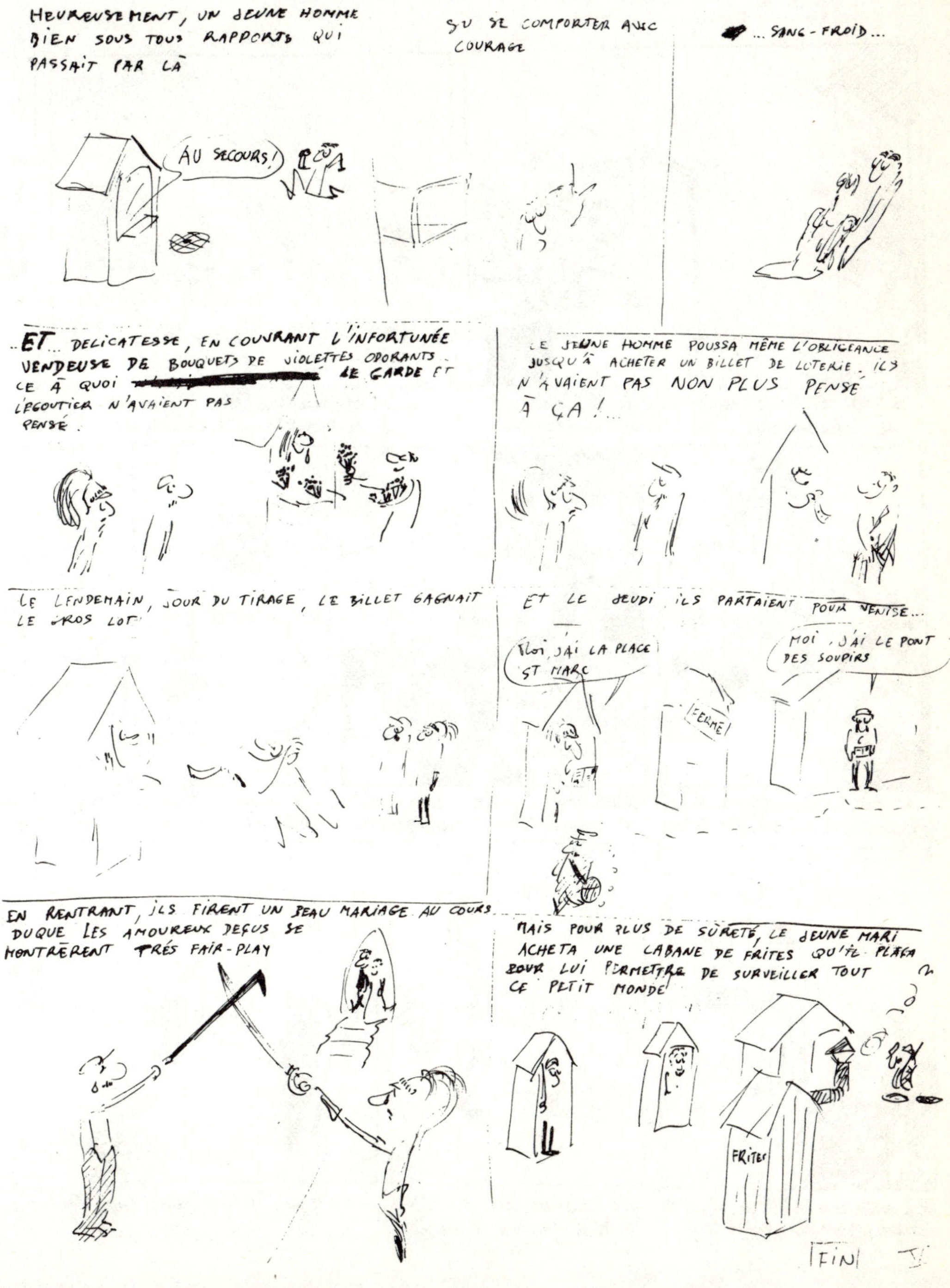
HEUREUSEMENT, UN JEUNE HOMME BIEN SOUS TOUS RAPPORTS QUI PASSAIT PAR LÀ
AU SECOURS!
SU SE COMPORTER AVEC COURAGE
... SANG-FROID...
..ET... DELICATESSE, EN COUVRANT L'INFORTUNÉE VENDEUSE DE BOUQUETS DE VIOLETTES ODORANTS. CE À QUOI [redacted] LE GARDE ET L'EGOUTIER N'AVAIENT PAS PENSÉ.
LE JEUNE HOMME POUSSA MÊME L'OBLIGEANCE JUSQU'À ACHETER UN BILLET DE LOTERIE. ILS N'AVAIENT PAS NON PLUS PENSÉ À ÇA!...
LE LENDEMAIN, JOUR DU TIRAGE, LE BILLET GAGNAIT LE GROS LOT
ET LE JEUDI ILS PARTAIENT POUR VENISE...
MOI, J'AI LA PLACE ST MARC
FERMÉ
MOI, J'AI LE PONT DES SOUPIRS
EN RENTRANT, ILS FIRENT UN BEAU MARIAGE AU COURS DUQUE LES AMOUREUX DEÇUS SE MONTRÈRENT TRÈS FAIR-PLAY
MAIS POUR PLUS DE SÛRETÉ, LE JEUNE MARI ACHETA UNE CABANE DE FRITES QU'IL PLAÇA POUR LUI PERMETTRE DE SURVEILLER TOUT CE PETIT MONDE
FRITES
FIN

LES GUEULES CASSÉES
...oh ! dire ça à une vendeuse de billets des "Cols bleus", des "Ailes Brisées", des "Gueules Cassées"....
...On observa une trêve à l'occasion de la mousson... mais comme...
...sous nos latitudes...
TERRE
...et partit !.. Tous les rêves du Garde Républicain s'écroulaient...Fou de rage...
C'EST DE TA FAUTE : FALLAIT SURVEILLER TA MAUVAISE HALEINE !..
...ON NE T'A JAMAIS DIT QUE TES DESSOUS DE BRAS INCOMMODAIENT TON ENTOURAGE ?
...ET TES PELLICULES, HEIN, TU CROIS QUE C'EST PROPRE ?
...il alla trouver l'égoutier... Toute la dialectique des bonnes histoires d'amour y passa...
...Or, pendant ce temps, la belle vendeuse courrait...
...un grave danger, car pendant cette idylle...
...Il lui acheta aussi un billet de Loterie ! "Ils" n'avaient pas non plus pensé à ça...
...Le lendemain, jour de tirage, le billet gagnait le gros lot !
MOI, J'AI LA PLACE ST MARC...
MOI, J'AI LE PONT DES SOUPIRS...
FERMÉ
...Et le jeudi, ils partaient pour Venise...

VOUS SAVEZ QU'IL VIT TOUTE LA JOURNÉE AVEC LES RATS ?..
ET LUI ?.. À RESTER TOUT LE TEMPS DEBOUT, VOUS POUVEZ ÊTRE SÛRE QU'IL EST PLEIN DE VARICES !
...la mousson est de courte durée, voire même inexistante, la petite guerre reprit vite...
...QUAND JE PENSE À TOUT CE QUE J'AI FAIT POUR VOUS, TOUT DE MÊME...
...SI VOUS VOULEZ QUE JE VOUS FASSE VISITER LES ÉGOUTS, IL FAUDRA ÊTRE PLUS GENTILLE !..
...gagnant en sournoiserie ce qu'elle avait perdu en méchanceté...
...A la fin, furieuse de voir salir de si nobles sentiments par des êtres aussi frustes, elle fit ses bagages...
Au secours !..
...l'égoutier avait quelque peu négligé son travail...
...Mais un jeune homme "bien sous tous rapports"...
...qui passait par là sut se comporter avec courage, sang-froid...
... et délicatesse, en couvrant la pauvre vendeuse de bouquets de violettes odorantes...
...En rentrant, ils firent un beau mariage... Les amoureux déçus se montrèrent très "fair-play"...
FRITES
...Mais pour plus de sûreté, le jeune mari a acheté une baraque à frites, ce qui lui permettra de surveiller tout ce petit monde...
FIN

UN JOURNAL DE GAUCHE DANS LA CHAUSSURE DE GAUCHE, UN JOURNAL DE DROITE DANS CELLE DE DROITE...
JE NE VOUS DEMANDE PAS OÙ VOUS CACHEZ LE JOURNAL DU CENTRE!

AVENTURES ET MESAVENTURES DU GRAND DUDUCHE

Pour le commun des mortels, le nom de CABU est étroitement lié à celui du Grand Duduche qui fut le premier personnage connu d'un large public et qui correspondait bien dans les années 60 au nouveau public de la B.D. : les étudiants fervents lecteurs de «Pilote» où il sévissait.

Au début, ma participation (et celle de mes collègues) à «Hara-Kiri» était bénévole. Il se trouve que le plaisir, très grand, de pouvoir s'exprimer en toute liberté ne nourrissait pas son homme et qu'il me fallait continuer à placer des dessins et à trouver de nouvelles filières.

Par l'intermédiaire d'un copain qui m'a présenté à Goscinny, je suis entré à «Pilote», c'était en 1962.

J'avais proposé une rubrique qui s'intitulait «Carnet de croquis» que Goscinny accepta. C'est parmi les différents personnages qui évoluaient au sein de cette rubrique lycéenne que quelques temps plus tard, j'ai isolé un personnage qui est devenu le Grand Duduche. Parallèlement, Goscinny me demanda d'illustrer son livre «La Potachologie» ; nous étions au cœur du sujet.

J'ai assuré «Le Grand Duduche» pendant dix ans sans aucune censure. Peut-être y avait-il malgré tout une certaine auto-censure, plus ou moins consciente, qui faisait que je ne présentais que des histoires susceptibles de passer. Il est quand même normal de travailler en fonction du support qui vous publie. Finalement, lorsqu'on travaille, c'est au rédacteur en chef que l'on pense, car c'est lui le premier lecteur, c'est à lui qu'il faut plaire, c'est lui qui est l'âme du journal et qui connaît les limites du «bon goût» pour son public.

Commencez bien l'année

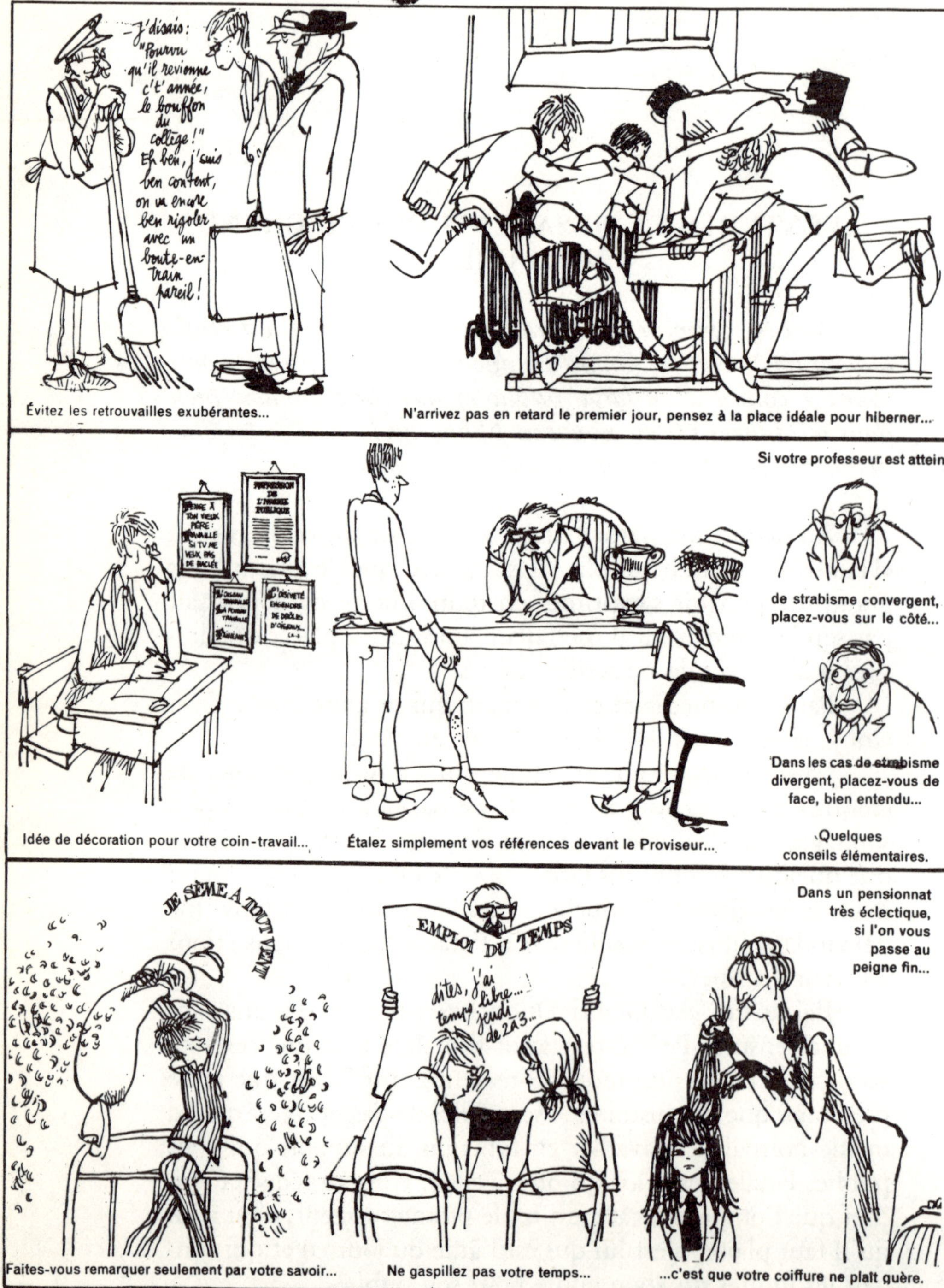

«Rallye».

scolaire !

Cabu

âge
travail
cigarettes
musique
loisirs
sports
vacances
pas de diplome
pas de tabac
pas de musique
pas de sport
mettre
n'importe
quoi
pas de loisirs
un vélo
tiens j'aime
la musique
militaire
et les
chasseurs
alpins
j'ai 17 ans
c'est le printemps
le Redoutable a coulé un chalutier breton
des vacances
pas de cataphote
pas de freins
pas de plaque
pas d'assurance
pas

Croquis.

Goscinny m'a refusé en tout et pour tout trois planches, qui honnêtement n'étaient pas très bonnes, on ne peut pas parler de censure car il les avait refusées à cause de leur qualité jugée trop médiocre, et il avait raison, j'avais raté mon coup.

En ce qui me concerne, lorsque je sélectionne des dessins pour les réunir en album, je suis beaucoup plus sévère que lui et je me rends bien compte qu'il y a du déchet. Goscinny, tout en faisant confiance à ses collaborateurs, vérifiait consciencieusement le contenu du journal avant de laisser les machines tourner.

C'était un excellent rédacteur en chef ; peut-être parce que, comme Cavanna, il était dessinateur lui-même et avait pris conscience de ses limites en ce domaine. Il a donné leur chance à des jeunes (Gotlib, Fred, Mandryka, Bretecher, Giraud...), mais a eu plus de mal à accepter Reiser et Gébé comme dessinateurs qu'il a d'abord employés comme scénaristes pendant près de deux ans.

A son insu, Duduche m'a rapporté 5 litres de whisky. Je m'explique. Dans les toilettes du Lycée, Duduche avait remplacé le savon liquide (que l'on met si astucieusement dans des boules mobiles au-dessus des lavabos) par du Ripolin de différentes couleurs, ce qui donnait, à l'usage, un bel arc-en-ciel.

J'ai reçu pour cette publicité gratuite et involontaire, cinq litres de whisky dans une boîte de Ripolin, malheureusement le whisky s'était dénaturé à cause de l'emballage et mes amis, car je ne consomme pas ce breuvage, n'ont pu en profiter !

Il y eut, au cours de mon passage à «Pilote», une péripétie journalistique due à un article de Noël-Jean Bergeroue, publié dans «Le Monde».

Ce journaliste prétendait que «Pilote» était à la remorque de «Charlie-Hebdo», que les dessinateurs communs aux deux publications restaient sur leur réserve, il parlait même d'autocensure, quand ils travaillaient à «Pilote». Goscinny nous a demandé de publier un démenti et nous avions consacré une dizaine de pages à nous moquer de ce plumitif.

Charlie mensuel.

Inédit.

Goscinny, très touché par cet article, était loin de «Charlie-Hebdo» qu'il trouvait trop outré et avait pris pour modèle «Mad» auquel il avait travaillé durant son séjour en Amérique. Il est vrai qu'il était tout à fait sur les traces du grand frère américain, surtout grâce aux pages d'actualités où se côtoyaient et s'affrontaient deux tendances : les dessinateurs de la B.D. qui tendaient vers l'actualité et le dessin humoristique, et les dessinateurs de presse qui tendaient vers la B.D. Le tout donnait un ensemble assez homogène et souvent détonnant ! Et pourtant, un jour, Reiser et moi-même (Gébé avait déjà rejoint l'équipe du Square) furent solennellement convoqués par Cavanna et Bernier, qui en substance nous firent comprendre que l'argument majeur de vente des publications du Square était leur originalité, ce qui signifiait qu'il fallait que nous leur en accordions l'exclusivité ! Ceci dit sur le ton : l'exclusivité ou rien !

Après réflexion, nous nous sommes décidés pour le Square où malgré tout, nous nous sentions plus à l'aise, mais vis à vis de Goscinny j'ai toujours regretté ce départ. Goscinny avait pris ce départ comme une trahison et il en avait gardé une certaine amertume, d'autant plus qu'il fut le premier d'une longue série qui devait sonner le glas de Pilote.

LES EXAMENS
1 AVANT
Tout d'abord, ne vous croyez pas obligé de vous retirer du monde pour réviser.
JE RÉVISE
Procédez méthodiquement...
En anglais, revoyez au moins une fois les verbes irréguliers...
DÉFENSE D'A
LOI DU 17 JUILLET
En histoire, sachez par cœur les dates clé.
2 PENDANT
Ne voyez pas, a priori, un ennemi en la personne de l'examinateur.
A MA GAUCHE ! ...Monsieur Desrosiers... 78 kg... agrégé d'Anglais...
Ni doping, ni tranquillisant, des buvards, des buvards...
3 APRÈS
Attendez les corrigés officiels avant de vous alarmer...
voyons, mon enfant, y = ax²+bx+c, bien entendu, tsss...tsss...
snif...snif... moi, j'ai mis : y = snif... ab²+2x+c...
Si vous êtes candidat libre, demandez que l'on vienne vous chercher à la fin des épreuves, cela réconforte...

«Rallye».

les recommandations de CABU

Inédit.

En 1968, chez Dargaud, j'avais signé un contrat d'exclusivité de cinq ans pour le personnage du Grand Duduche qui avait pour conséquence qu'à mon départ je n'avais plus le droit de dessiner mon personnage, ce que, bien entendu, je trouvais absurde. Jugeant ce contrat léonin, je poursuivais les aventures du Grand Duduche dans les publications du Square. Je poussai la provocation plus loin puisque je réunis en album pour les lecteurs du Square des dessins parus dans «Pilote», sous le titre «Les vacances du Grand Duduche» et je me retrouvai avec un procès et 6 millions de centimes en moins dans ma cagnotte. Par la suite, Dargaud a été beau joueur et n'a pas bronché à la publication de «L'Ennemi Intérieur» dont les dessins étaient parus au Square, raison qui n'était pas suffisante rapport à mon contrat.

Tout compte fait, c'était bien fait pour ma gueule, je n'avais pas besoin de signer n'importe quoi !

Malgré cette petite anicroche, Bernier, qui cherchait, une fois de plus, de l'argent, avait invité Monsieur Dargaud à dîner. Ils ont sympathisé et ont convenu que si je le désirais, je pouvais retravailler à «Pilote». C'est Vidal qui m'a appris la bonne nouvelle et j'ai volontiers accepté cette proposition. Si bien que Duduche a fait son retour dans «Pilote», un Duduche très baba-cool, complètement décalé par rapport à son entourage, il est malgré tout resté un potache des années 50. Je voulais accentuer ce décalage du militant écolo par rapport aux punks et autres jemenfoutistes bardés de cuir ou de simili.

Charlie mensuel.

A propos de procès, il m'est arrivé une drôle d'histoire avec l'éditeur Alain Moreau.

Celui-ci voulait lancer une collection d'humour (avec Serres et Loup, je crois) et il m'avait demandé de sortir le bouquin qui depuis est devenu «La France des beaufs». J'ai donc signé un contrat et encaissé une avance de 7.000 francs. Bernier m'a dit qu'il allait rembourser l'avance, qu'il s'occupait du contrat et que c'était le Square qui allait éditer l'ouvrage. Ce qui fut fait sans en avertir Alain Moreau.

A parution, j'ai reçu une lettre recommandée des éditions Alain Moreau me signifiant que suite à la rupture du contrat, il m'intentait un procès, me demandant 100.000 francs de dommages et intérêts, procès que j'ai perdu. Entre temps, Bernier et Moreau avaient fait affaire pour deux bouquins : «Les couvertures auxquelles vous avez échappé» et «Les meilleures couvertures de "Charlie-Hebdo"». On peut supposer qu'à cette occasion, c'est Bernier qui avait fait la meilleure affaire, ce qui a du rendre Moreau plus agressif à mon endroit.

Le résultat de cette opération, c'est que le procès jugé en appel confirma le verdict et je me retrouvai condamné à débourser 100.000 francs, pour un ouvrage sur lequel je n'avais strictement rien gagné, ayant abandonné mes droits aux éditions du Square alors, et déjà, en difficulté. Et comme je ne disposais pas de cette somme, la «Justice» a fait bloquer mes salaires chez Dargaud et au «Canard». Si cette «dette» ne me traumatisa pas outre mesure, je trouvai la sanction bien sévère car si je n'avais pas, effectivement, honoré mon contrat, je n'avais causé aucun tort à Monsieur Alain Moreau, je ne lui avais pas fait dépenser un liard. Ce qu'il me reprochait ce n'est pas de lui avoir fait quelque chose, c'est justement de ne lui avoir rien fait !

SALLE DES PROFESSEURS
... voyez-vous, j'arrivais en haut...
excusez-moi, cher collègue, ma classe m'attend...
... alors donc, j'arrivais en haut...
bien sûr, bien sûr... excusez-moi je file !
Bon ! j'arrivais en haut...
c'est ça... c'est ça... excusez-moi c'est l'heure !
ENTREZ !
Prenez le thème latin en dictée : " J'arrivais en haut d'une côte - virgule - j'avais bien vu la bande jaune - virgule - mais je me suis dit tant pis... "
Cabu

Charlie mensuel.

NON
AUX ESSAIS NUCLÉAIRES
EN POLYNÉSIE
Plus jamais d'Hiroshima !
Pas d'armement atomique !
NAUSSAC
veut vivre
il faut sauver LA LOZERE
MALVILLE
SUPER FOLIE
NUCLÉAIRE
NON
A LA
MORT
RADIEUSE
APARTHEID
marée noire
SHELL
BOYCOTT
En France on n'a
pas de pétrole
Mais ... on vend
des armes.
halte à l'industrie nucléaire
combat pour la vie
VOUS SAVEZ QU'IL Y A TANT DE MISÈRE DANS LE MONDE... ET VOUS OSEZ BOIRE DU MOUSSEUX !..
...VOUS ÊTES UNE BELLE CRAPULE !

EH BIEN, "NOUS TROIS" NOUS ALLONS ALLER CHEZ LE PROVISEUR !
Nous Deux

... ENVOYEZ LES AUTORISATIONS DES PARENTS !
LE SLIP QUI S'ENLEVE ENCORE PLUS VITE
CINÉ
ENCORE PLUS OSÉ
... VOUS N'AVEZ PAS D'AUTORISATION DE VOS PARENTS ?... ENTREZ DONC, MA PETITE DEMOISELLE, ON VA ARRANGER ÇA...
guérisseur rebouteux
CENTRE D'ENSEIGNEMENT CONTRACEPTIF ET EDUCATIF
CONSULTATIONS Dr. Pocrate
Petit Pocrate
par cabu
RESPONSABILITÉ MÉDICALE ET CONTRACEPTION

Inédit.
On va pas tarder à voir arriver Lederman. Y'a du fric à ramasser...

MONSIEUR COLUCCI

L'équipe «Hara-Kiri» a accueilli bon nombre de personnalités :
- celles qui venaient dire bonjour, comme Annie Girardot
- celles qui ont épisodiquement collaboré, comme Romain Bouteille
- celles qui participèrent aux romans-photos, comme Menez, Miou-Miou, Depardieu, Dewaere, Guybet, Le Luron, Mitchell, Souchon, Fresson... et même Henri Tachan
- et celui qui vint dire bonjour et fut le plus fidèle des collaborateurs : COLUCHE.

COLUCHE, ancien et fidèle lecteur, était venu pour un roman-film, et comme il s'était beaucoup plu chez nous, il nous a fait de la pub gratuite et de la figuration de plus en plus importante jusqu'à l'apothéose : «Les pauvres sont des cons», et sa candidature à la Présidence de la République. Coluche (qui s'était pas mal inspiré de Reiser, ce qu'il reconnaissait volontiers) avait un talent et une autorité de comédien absolument remarquables.

En ce qui concerne sa candidature, il est regrettable qu'il ne soit pas allé jusqu'au bout, qu'il ne se soit pas réellement présenté avec un programme, aussi minime soit-il. Il aurait pu proposer un projet de société du type «L'AN 01», il ne faut pas oublier que les sondages lui donnaient 15 % des voix. Coluche était tout à fait capable de présenter et de défendre un programme, derrière le pitre il y avait un homme.

Je l'ai accompagné à l'Ecole Polytechnique où il était invité et, d'un seul coup, il n'a plus été le clown, il est redevenu Michel Colucci, défendant ses idées avec ardeur, expliquant, commentant, lançant et argumentant des théories ; disant pourquoi il était contre l'armée, comment on pouvait reconvertir les usines d'armement... L'espace d'un après-midi, je me suis rendu compte de quoi il était capable, comment il pouvait capter l'attention d'un auditoire très sérieusement, sans dire de conneries. On aurait pu imaginer de telles prestations à la télévision.

Malheureusement, dans ses apparitions publiques, il est resté au niveau de la farce (et de la franche rigolade), ce qui a donné deux pages de beaufs qui s'étalaient avec leur connerie et leur bobine dans «Charlie-Hebdo», dans la rubrique «Je vote Coluche». Il aurait pu argumenter les grands thèmes de civilisation et aurait pu amener la réflexion, il aurait pu semer de la graine d'écolo... Le canular qu'il voulait lancer (car au départ, je pense qu'il s'agissait d'un canular) l'a subitement porté au devant de la scène politique, est-ce que ce succès inattendu lui a fait peur ? A-t-il subi des pressions ? Sa vie était-elle vraiment en danger comme on a pu le croire un moment ?

Toujours est-il que s'il s'était conduit en candidat responsable, il aurait pu avoir un impact idéologique certain, car Coluche, on l'écoutait ! Et ça, c'était sa force, aucun des autres candidats en puissance ne pouvait se vanter de monopoliser l'attention aussi bien que lui lors de ses apparitions télévisées. Avec le risque, en temps ordinaire, qu'on prenne Coluche au premier degré ; c'est le drame d'une frange de son public.

Pour moi, Coluche pouvait soutenir une candidature et tenir un langage politique cohérent. Je regrette qu'il n'ait pas joué le jeu, qu'il soit passé à côté de cette occasion.

CABU aura au cours de sa campagne présidentielle de nombreuses occasions de croquer COLUCHE qui faisait partie intégrante de l'équipe — de nombreux croquis qui lui donneront du fil à retordre car le physique poupin de notre comique national se prêtait mal à la caricature.

Inédit.

Au sommet de sa popularité, Claude Zidi lui offrit le premier rôle dans «Inspecteur Labavure» (la bavure était très en vogue en ces temps incertains), ce fut l'occasion pour Choron de tenter une opération financière, la sortie conjointe avec le film d'un album dessiné par CABU, l'idée était excellente mais le temps pressait.

Dans l'impossibilité de réaliser une telle tâche en si peu de temps, j'ai appelé Hugot à mon secours et nous avons réalisé l'album ensemble, je faisais les personnages et lui les décors.

Nous avons vécu dans la même pièce durant cinq semaines, travaillant douze heures par jour, 7 jours sur 7.

Comme documents de base nous avions le scénario, quelques photos de plateau et deux fois par semaine nous allions visionner un quart d'heure de film alors au montage. Pendant la projection, je prenais des croquis.

Si bien que nous avons dessiné des scènes qui ont été coupées au montage définitif pour je ne sais quelles raisons, peut-être parce que le film était trop long et que la vente des esquimaux en aurait pâti. En particulier, a été supprimée la scène de la brasserie bavaroise qui durait une dizaine de minutes et que nous avions racontée sur une double page, c'était un passage très drôle, quel pognon gaspillé ! Sans jamais avoir vu le film, Wolinski avait découpé le scénario en séquences BD et Gourio avait adapté les dialogues dont certains remaniés étaient plus drôles que ceux du film, dixit Zidi. On se rend compte dans ce genre d'exercice que la bande dessinée demande plus de concision que le cinéma qui use et abuse de scènes de transition.

Pour raconter un film d'une heure et demie il nous aurait fallu un album d'au moins 64 pages, comme nous ne disposions que de 40 nous avons fait un maximum sur chaque page (de 12 à 16 dessins en moyenne), ce qui ne gênait pas au format «Charlie-Hebdo» où il avait commencé à paraître, mais qui devenait un problème au format 21 x 28, la lisibilité en prenant un coup. Album imprimé en Italie, avec de grandes marges blanches ; nécessités (je suppose) des techniques d'impression pour un format commercial, qui ont fait que l'album a moins bien marché que prévu, 50.000 vendus sur 120.000 tirés.

Pour moi, ce fut l'occasion de faire des séries de gueules, y compris les personnages secondaires et même la figuration.

J'ai assisté à une scène finale du tournage (la démolition de la maison) pour voir un peu les gueules de près.

Cette expérience ne m'a pas incité à faire de la BD. Ce que je préfère, c'est le dessin éditorial, le dessin ramassé qui regroupe des idées et des situations, c'est un dessin qui a du jus !

D'ailleurs je me demande comment on peut passer sa vie entière à animer le même personnage, moi, il me faut sortir, voir le monde s'agiter autour de moi, être le témoin de la vie et la reporter sur du papier en y ajoutant mon grain de sel sinon mon grain de poivre !

A l'époque où Coluche avait son émission sur Europe 1, il a lancé un appel radiophonique pour que les auditeurs viennent assister le lendemain à un de mes procès où il devait témoigner.

1.500 personnes se sont pointées et l'ambiance était si houleuse qu'elle faillit tourner à l'émeute et les cars de CRS appelés en renfort ont été à deux doigts de déclencher un affrontement qui a été évité grâce à l'intervention de nos avocats qui se sont interposés. Le procès fut reporté et la police eut toutes les peines du monde à faire évacuer les locaux qui traditionnellement recevaient une trentaine de visiteurs. Nous, c'est-à-dire toute l'équipe de «Charlie-Hebdo», étions restés sur le sommet de l'escalier du Palais de Justice à chanter à tue-tête, ce qui nous valut de finir la journée au commissariat du 5ᵉ où nous devions passer trois heures pour vérification d'identité au cours desquelles une discussion très amicale s'établit entre nous (principalement Cavanna) et le commissaire.

Il faut dire que Coluche avait, par un tour de magie qui lui était propre, transformé le Palais de Justice en Palais des Sports !

Puis sont arrivés les «Restaurants du cœur», second coup médiatique de Coluche.

Le Coluche que j'ai connu ne s'attendrissait guère sur les pauvres. Il était lui-même issu d'une famille très modeste et avait beaucoup trimé pour s'en sortir. Tout naturellement il pensait que les autres pouvaient en faire autant. Je crois que dans sa rubrique «Les pauvres sont des cons» pour «Charlie-Hebdo», tout n'était pas au second degré. A-t-il eu besoin d'un coup de pub (soufflé par son impresario ?) pour redorer son image de marque ou a-t-il eu un sursaut de bonté envers ses frères humains ? Je me pose la question. De toute façon sa mort a glorifié l'œuvre et écarté toute ambiguïté dans l'esprit populaire.

Libération, 20 juin 1986.

«Le Sport», 8 janvier 1988.

Aujourd'hui c'est l'Abbé Pierre qui vient nous montrer du doigt en nous reprochant de ne rien faire pour soulager la misère du monde. Dès que je le vois je me sens coupable de quelque chose mais je ne sais pas exactement de quoi. En 1985 c'est l'Abbé Pierre lui-même qui a sollicité les médias par l'intermédiaire de la mairie de Paris. Tout cela n'est pas très net, y compris les 2 milliards de centimes récoltés au Téléthon 89. On peut quand même se demander ce que va devenir cet argent, même si je n'accuse personne de le mettre dans sa poche. Je me pose la question de la gestion d'une telle somme. Ce qui m'irrite le plus dans ce fabuleux coup médiatique c'est que la télévision — de service public — ne monte pas cette opération pour des clopinettes. Elle en retire argent et prestige, toute heureuse de faire «péter» l'audimat. Il est troublant de voir que l'émission «Stars à la barre» programmée 48 heures après le Téléthon, et qui devait traiter de l'emploi de l'argent de la «charité-bizness», soit supprimée. Un doute m'envahit soudain !

Les «vedettes» qui viennent pousser leur goualante sont toutes les suppôts du show-bizness. Je les soupçonne de venir davantage pour soigner leur propre publicité, pour se donner une image louable que pour servir une cause généreuse. Pourquoi ces émissions sont-elles toujours d'une niaiserie incommensurable ? Pourquoi ne pas profiter d'une noble cause pour faire une télévision d'un bon niveau avec de vraies variétés, de vrais chanteurs, des invités inhabituels et sortir un peu des sentiers battus. La présence du noyau dur du show-biz est plus que suspecte. Elle est l'aveu tacite d'un profit. S'il y en a un qui est sincère qu'il le dise, on ne l'avait pas reconnu.

On n'a pas le droit de donner la nullité en pâture sous prétexte de ratisser large pour gratter les fonds de tiroir des humbles et casser les tirelires des gosses. Sensiblerie et démagogie pour ameuter l'opinion publique ! Un peu de pudeur que diable !

Au lendemain du Téléthon il ne m'est pas apparu que la France soit devenue meilleure ou plus intelligente. Le spectacle de la rue est toujours le même, les beaufs sirotent leur Ricard matinal et Le Pen caracole toujours au front de l'intolérance et de l'obscurantisme.

Dessin pour TF1

Ah si j'avais eu un Solex, je serais encore en vie !

SALAUDS DE PAUVRES !... JAMAIS CONTENTS !

– J'ai cru que vous aviez livré d'abord les cabinets... et on attendait la suite !

Croquis.

CABU A LA BARRE

Nous avons précédemment évoqué les procès militaires de CABU, mais il eut bien d'autres occasions de se présenter à la barre, et nous nous demandons parfois s'il ne connaît pas mieux les décors et l'ambiance des prétoires que ceux des salles de rédaction.

Quelques affaires firent grand bruit, des personnalités très en vue ayant été éclaboussées, d'autres, moins célèbres, n'en sont pas moins croustillantes.

Accusé CABU, levez-vous !

Chaque fois que le Square avait un procès (c'est-à-dire très souvent) nous demandions à nos lecteurs de venir assister aux audiences, ceux-ci se déplaçant en masse houleuse et chaleureuse créaient une bonne ambiance durant les débats.

Chaque fois que j'ai été l'accusé, j'ai été frustré de ne pouvoir prendre des notes et dessiner, car pour ce faire il faut être au banc de la presse. Une fois, je me suis fait réprimander par un gardien de la paix (j'aime l'expression !) parce que je gribouillais sur une feuille.

Télérama.

Le Maire, défenseur de la veuve et de l'orphelin...

Affaire : Madame de

Je crois que c'est mon procès le plus célèbre, du moins celui qui a fait couler le plus d'encre, il s'agit de la plainte déposée contre X par la Présidence de la République à la sortie de l'album «Les aventures de Madame Pompidou» (Novembre 1972).

Ce qu'il faut bien préciser c'est que la plainte ne venait pas de Monsieur ou Madame Pompidou mais de la Présidence et qu'elle n'était pas adressée contre CABU ou les Editions du Square mais contre X. Cette pirouette hypocrite que permet le système judiciaire, faisait que si X gagnait son procès il ne pouvait pas se retourner contre son accusateur car, dans ce cas de figure, X n'existe pas physiquement. Ce qui dénotait un courage plutôt vacillant et une grande incertitude quant aux chances de victoire.

Toujours est-il que je me suis présenté à la barre et qu'en l'occurence X, c'était bien moi, face au Représentant du Ministère Public, représentant le peuple français (Tu parles !), et bien entendu, personne de la Présidence. De la même manière, dans les procès avec l'armée, il n'y a pas un seul militaire dans la salle.

Charlie hebdo.

Il faut préciser que la plupart des dessins étaient parus dans le journal, ce que fit remarquer Maître Barbillon, l'avocat du Square. On lui répondit, qu'à petite dose, l'outrage pouvait passer mais pas dans un pavé de cette importance. Trop c'est trop !

Je fus condamné, mais l'album ne fut pas interdit, même si quelques marchands de journaux trop zélés le retirèrent de la vente. Un jugement tout compte fait assez ambigu, j'avais offensé Madame Pompidou mais pas au point de retirer l'album de la vente, si bien qu'il continua à bien marcher et fut même réédité.

J'aimais bien prendre Madame Pompidou comme cible (d'ailleurs quand je tiens un personnage je ne le lâche pas facilement) car pour moi, elle était le symbole du «bon goût» français, du snobisme du salon où l'on cause, le tout chapeauté par l'image de la dame patronnesse.

Je crois qu'elle avait une réelle, et nocive, influence sur Pompidou qu'elle avait initié à l'art moderne et que c'est un peu grâce à elle qu'aujourd'hui Paris peut se glorifier de cette monstruosité appelée Centre Beaubourg (Pompidou).

Affaire : Tiens voilà du bidon !

En 1972 (décidément une bonne année) les autorités en place laissaient entendre que la France s'était débarrassée de ses bidonvilles. Or il en restait (au moins) un, en la bonne ville de Nice dont le maire n'était autre que Jacques Médecin. Suite à l'information d'un lecteur, j'ai visité ce bidonville avec un membre de la D.D.S. des Alpes Maritimes. C'est un des souvenirs les plus marquants de ma carrière de journaliste, le spectacle du malheur intégral, de la misère absolue, la vision de gens en loques vivant dans des planches, des tôles, la boue, le vent, les rats, une insalubrité totale. Les petits Biafrais squelettiques et bedonnant de faim ne sont pas plus impressionnants !

Décemment, on ne peut pas photographier ces gens (même si certains le font), la pudeur la plus élémentaire interdit de cadrer ces visages déchirants dans un objectif !

Et si le plumitif peut traduire cette détresse, le dessinateur, même (et surtout) choqué comme je l'ai été, peut traduire sur le papier un tel état de fait !

J'avais donc fait un papier sur Nice, son bidonville, et au cours du reportage j'avais laissé entendre que Madame Médecin était directement intéressée aux recettes de la Société municipale de Parcmètres, c'est sur ce point que je fus attaqué.

Malgré une visite à la Chambre de Commerce au cours de laquelle je constatai que bon nombre de membres de la famille Médecin étaient actionnaires de cette société, je ne pus prouver mes dires, la rumeur publique n'est pas une preuve !

En plus de Maître Barbillon, j'avais pris un avocat local : Maître Ransson, candidat socialiste, qui n'a pas osé plaider le procès politique, qui est resté au niveau du dessinateur humoriste, le faiseur de petits mickeys gentil et anodin ; alors que c'est précisément dans un tel cas que je suis un VRAI journaliste qui fait son boulot de reportage, qui va sur le tas, qui apporte des informations au public. Barbillon, une nouvelle fois, et en ce domaine il en connaît un rayon, a plaidé la liberté de la presse.

Le figaro littéraire - 25 janvier 1971.

Médecin a obtenu 300 francs de dommages et intérêts (alors qu'il demandait 210.000 francs) et n'a pas été autorisé à publier le jugement dans «L'Aurore», «Minute» et «Nice-Matin» comme il le demandait. On remarquera au passage le choix des journaux.

J'ai eu, fin 82, un procès avec la C.S.L. qui demandait 20.000 francs pour une page publiée dans «Télérama» (n° 1689 du 26 Mai 82). Il faut préciser que la C.S.L. (Confédération des Syndicats Libres) n'est que l'ancienne C.F.T. (Confédération Française des Travailleurs) qui a changé de sigle après le meurtre, par un commando CFT, d'un ouvrier CGT : Pierre Mestre, pilier de grève à l'usine des verreries mécaniques champenoises de Reims. Le genre de commandos, manichéens anti-rouges farouches et systématiques, que l'on retrouve, au service de la droite, dans les campagnes électorales, tenant le rôle de colleurs d'affiches ou assurant le «service d'ordre». J'ai donc comparu devant la 17e Chambre correctionnelle surtout chargée de juger des procès en diffamation par voie de presse.

On me reprocha d'avoir représenté les adhérents de la CSL en tortionnaires. Une fois encore, j'ai été accusé d'injures et non de diffamation (nuance juridique déjà évoquée). On me demanda une brève déclaration qui peut se résumer ainsi : «Je suis dessinateur de presse, humoriste et engagé, j'ai tendance à grossir les travers de mes contemporains, je ne renie pas ce que j'ai fait, je m'étonne de ne pas avoir été poursuivi plus tôt par la CSL que j'ai déjà eu, à plusieurs reprises, l'occasion de brocarder».

Et j'ai ajouté :
«Monsieur le Président, je suis disposé à vous dire ce que je pense de la CSL...».

A ce moment-là, j'ai entendu un tonitruant NON ! C'était mon avocat qui s'affolait de me voir m'engager dans la voie du procès politique...

Ne voulant pas provoquer un président et ses assesseurs, dont on ignorait les sympathies, il choisit de plaider la liberté de la presse et la fougue de la jeunesse !

Au procès du doping, Anquetil a demandé à Me Floriot de plaider sa cause.

Candide.

L'avocat de l'accusateur précisa que le matin même il ne me connaissait pas mais que par le plus grand des hasards il avait eu entre les mains une boîte d'allumettes portant un de mes dessins, preuve que je ne dédaignais pas la publicité ; une publicité qui ne me rapporta pas un centime puisqu'il s'agissait d'un échange de bons procédés Dargaud-Seita.

D'autre part, il précisa qu'on lui avait rapporté que je passais le plus clair de mon temps à déverser mon antimilitarisme obsessionnel et maladif et que j'avais eu bon nombre de procès avec l'armée. Il essayait ainsi de me discréditer auprès du jury. Mon avocat intervint en faisant remarquer qu'il n'était pas ici question de l'armée et moi-même je ne pus me retenir d'ajouter que j'avais pas mal de travaux à mon actif où ne figurait pas l'armée.

Puis il précisa que la CSL n'avait jamais attaqué «Charlie-Hebdo», journal engagé qui s'adressait à un public militant convaincu, tout comme elle n'avait jamais attaqué «La Vie Ouvrière» (là je ne vis pas très bien le rapport entre les deux journaux), alors que «Télérama», journal neutre, s'adresse à un large public (là je me demandai s'il ne confondait pas «Télérama», journal de programmes, de culture et d'opinion, avec «Télé 7 Jours», journal de programmes).

C'est dire que la CSL cherchait à se refaire une image de marque auprès du grand public, et voulait faire oublier ses antécédents CFT. Puis il se demanda pourquoi subitement on attaquait la CSL dans un tel journal.

Il aurait pu s'apercevoir que c'était l'actualité du moment puisque venaient de se dérouler chez Citroën des négociations par vidéo interposée (les syndicats ayant refusé de siéger aux côtés de la CSL), le patronat étant à la régie.

Le tout avec moult artifices de langage et la déférence due au Président.

Mon avocat précisa qu'il ne fallait pas oublier que la CSL recrute parfois des adhérents musclés et qu'on devait se rappeler un récent et retentissant procès. J'aurais aimé qu'il précise (mais il fut trop prudent pour cela, et il avait certainement raison) que ce syndicat n'avait aucune représentativité officielle, ce qui peut laisser à penser qu'il ne s'agit que d'une officine patronale.

Traditionnellement, avant chaque procès, il faut aller répondre à l'enquête de police et, pour ce, nous nous présentons à la section presse de la Préfecture de police (juste en face du Palais de Justice). Nous sommes reçus par des commissaires en civil qui, à force, ont fini par nous connaître et qui sont devenus de bonnes «relations de travail» avec qui nous discutons volontiers et pour qui, à l'occasion, nous faisons quelque petit dessin destiné au fils ou au voisin. C'est une ambiance, tout compte fait, assez cordiale.

De la même façon, nous avons été présentés à des juges-lecteurs qui ont été assez indulgents avec nous. Il faut dire que la 17e Chambre, réservée aux délits de presse, jouit d'un certain «standing» et on assiste plus souvent à un numéro d'effets de manches, à des joutes oratoires entre gens du beau monde et fins lettrés qu'à des affrontements. C'est quand même un avantage non négligeable.

... et de tous les brimés en général...

Le projet «Sécurité et liberté» abrogé.

— Je voulais mettre 50 millions de Français en prison, mais je n'ai pas eu le temps de terminer ma tâche !

Inédit.

Inédit.

UN JOURNALISTE NOMME CABU

CABU se définit lui-même comme journaliste et il se sent «chez lui» aussi bien avec des dessinateurs qu'avec des reporters.

Traditionnellement c'est par écrit ou par photographies interposées que sont réalisés les articles-témoignages (dits reportages, mais nous reviendrons sur cette notion par trop usitée) des journalistes. C'est à ces deux formes d'expression que sont habitués les lecteurs, on est en droit de se demander si le reportage dessiné est aussi crédible pour le public. Et outre le problème de l'authenticité de ce genre de reportage, nous nous posons la simple question : Pourquoi le dessin alors qu'il existe la photographie ?

Le Mundial - «L'Equipe».

Dans un journal, le dessin participe à l'attrait artistique de la publication, il doit attirer l'attention du lecteur. Il est partie intégrante de la mise en page. Il est bien connu que bon nombre de gens commencent à lire le journal en diagonale, à savoir : les grands titres, les dessins et les photographies. Ce n'est qu'après qu'ils se plongent dans la lecture proprement dite.

Le dessin a des ressources que ne possèdent ni la photographie, ni l'écriture.

Un croquis bien enlevé a une concision et un impact bien meilleurs qu'une bonne photographie. D'autre part, il permet de traduire des ambiances, et puis, bien sûr, il permet l'interprétation du dessinateur qui traduit l'événement avec sa propre sensibilité.

Si le témoin de l'événement sent dans la foule un certain malaise, le dessinateur pourra mieux que quiconque le traduire. Un photographe aurait bien du mal à fixer sur pellicule une idée aussi subjective que le malaise.

Le dessin permet des raccourcis, c'est-à-dire de cumuler des scènes successives sur un seul dessin. D'autre part, l'œil du dessinateur est plus sélectif ; il choisit ses figurants, leurs expressions qu'il représente en un lieu et au moment de son choix. Ce qui aurait nécessité une série de photographies se traduit en UN SEUL dessin.

Haga n° 43, 1980.

Inédit.

D'autre part, le dessin permet d'évoquer des scènes ou des lieux impossibles à photographier (soit par les mauvaises conditions techniques, soit pour de simples raisons d'interdiction, comme les audiences des tribunaux).

Le dessinateur donne la vie, le mouvement, alors que la photographie est généralement plus statique. En ce qui me concerne, je n'ai pas de soucis esthétiques, je cherche à traduire la vie. Il y a plusieurs étapes à cette recherche : l'esquisse donne le mouvement général, le trait vient affirmer, approfondir la ressemblance.

Grâce au dessin, on peut sortir du cadre un élément et ainsi mettre un détail en valeur.

J'ai commencé à faire du reportage dessiné sur les incitations de Cavanna qui m'ayant vu au cours d'une bouffe croquer l'équipe du journal, me demanda de tenir une rubrique qui s'intitulait «Coin de nappe» et qui consistait à se rendre dans les cabarets alors très en vogue à l'époque. Jacques Brel chantait à l'Echelle de Jacob, et Raymond Devos donnait son spectacle au Cheval d'Or.

Il fallait traduire la personnalité du chanteur et recréer l'ambiance de son spectacle ; dans ce cas précis, je crois que le dessin parlait mieux qu'une photographie.

Cavanna a déclenché chez moi un mécanisme et un goût qui, peut-être, ne se seraient révélés que plus tardivement.

Après la technique, passons à la pratique et retrouvons CABU parcourant la France à la recherche de sujets, ces mêmes sujets qui lui confèrent le titre de journaliste que personne n'oserait lui contester.

Dans le style reportage, j'ai réalisé beaucoup de croquis d'audience, au départ pour la simple raison que les photographes ne sont pas admis dans les prétoires.

Le premier procès auquel j'ai assisté fut celui de l'affaire Ben Barka, un beau début en la matière. C'était en 1967. Faute de pouvoir vivre avec la menue monnaie qu'occasionnellement on nous octroyait à «Hara-Kiri», pendant que Cavanna dessinait des couvertures de polars (dans le style Brantonne), je travaillais pour «Paris-Presse l'Intransigeant», journal du soir, où Gault et Millaut m'avaient demandé de réaliser des croquis pour leur rubrique sur Paris et ses alentours, ce qui me conduisit dans les restaurants (où je faisais un «coin de nappe»), chez les antiquaires, dans les vieux quartiers et les endroits touristiques. Un jour j'ai reçu une lettre de Jean-François Brisson qui avait vu mes dessins et me demandait d'accompagner James de Coquet qui devait faire le compte-rendu du procès Ben Barka pour «Le Figaro». Circonstance atténuante il s'agissait du Figaro avant Hersant.

J'ai assisté aux 45 audiences, et tous les soirs, en sortant du Palais de Justice, j'avais juste le temps de livrer mes dessins à la rédaction. Il n'était pas question de revenir sur ceux-ci. Ce fut une excellente école qui m'obligea à une certaine rapidité et à une concision graphique.

En 45 jours j'ai essayé de faire le tour de la salle. Je ne voulais pas et ne pouvais pas me borner au trio juge-accusé-avocat.

Outre les témoins importants, je notais les à-côtés : l'huissier qui s'ennuie, la dactylo qui tape en sténo, tel spectateur au physique intéressant.

Le president PEREZ pendant l'interrogatoire de BERNIER.

L'AFFAIRE BEN BARKA DEVANT LES ASSISES

Le banc des accusés : *de gauche à droite, en haut* : BERNIER, SOUCHON, VOITOT, EL GAHLI et LOPEZ ; *en bas* : LEROY-FINVILLE.
(Croquis d'audience de CABU.)

Le Figaro, 7 septembre 1966.

Dans mes dessins il y avait aussi une part d'interprétation, il est certain que je n'étais pas tendre avec Isorni ou Tixier-Vignancourt. En l'occurence mon dessin était plus mordant qu'une photographie, ce qui ne veut pas dire que certaines photographies ne soient pas parlantes, ne véhiculent pas un message et ne traduisent pas une expression précise. Mes dessins (j'en livrais trois ou quatre et la rédaction en choisissait un ou deux) étaient tout à fait indépendants de l'article qu'ils accompagnaient et que d'ailleurs je ne connaissais pas.

Le docteur Vuillet déposa pendant plus d'une heure, pressé de questions par les avocats, notamment pour savoir si Fillot portait des pansements le jour de son incarcération (on reconnaît Me Floriot, **à gauche,** et Me Pollak **à droite**). **(Dessin de CABU.)**

Le Figaro.

Les procès (on en parle beaucoup dans ce bouquin), mais aussi des reportages. CABU les raconte (en émaillant de son rire strident et juvénile ses propos ; les échos sonores ne seront pas retransmis ici mais le récit gardera tout son suc et nous irons tour à tour chez les moines, chez un directeur du personnel aux parfums puis dans les égouts).

Jean-Paul Gré, passionné de B.D. et journaliste à «Ouest-France», avait organisé une journée B.D. à l'Ecole Normale d'Alençon et on m'avait demandé d'y participer. Au cours de cette journée, il me révéla être entré à l'Abbaye de Solesmes (célèbre abbaye bénédictine très connue pour ses chants grégoriens et ses sculptures Renaissance), ce qui me donna envie d'en faire autant.

C'est donc par son intermédiaire que je me présentai à l'Abbaye, où j'avais rendez-vous avec un moine qui avait bien voulu me recevoir.

J'ai pénétré dans des lieux interdits au commun des mortels. J'ai tout simplement dit que je travaillais pour «Charlie-Hebdo», journal parfaitement inconnu en ces saints lieux, si bien que c'est en disant la stricte vérité que je me cachais le mieux. J'ai passé un après-midi à questionner ce moine, lui posant quelques questions insidieuses sur l'existence de Dieu, sur les miracles, l'utilité d'une retraite par rapport à un monde en ébullition...

Mes questions étaient si provocantes qu'à la fin il s'enquit de ce qu'était «Charlie-Hebdo», que je définis, très honnêtement d'ailleurs, comme un journal satirique et comme il ne connaissait même pas «Le Canard Enchaîné» et qu'il ne sortait que pour aller chez le dentiste ou pour aller voter... comme journal il n'avait accès qu'à «Ouest-France», Dieu merci ! si je peux me permettre l'expression.

Au cours de cet entretien, qu'ensuite je traitais «à la hache» selon ma bonne habitude, j'appris que des officiers de l'Ecole militaire voisine venaient y faire des retraites pour le salut de leur âme, ensanglantée je suppose. Dans le village, on prétendait que l'Abbaye avait été pendant la guerre d'Algérie le refuge de certains membres de l'O.A.S.

Le bon moine eut connaissance de mon interprétation de ses dires et n'est certainement pas prêt à recevoir un autre journaliste.

3 février 1969.

— Disons que mon étiquette de couturier révolution noire m'a amené un public que je n'attendais pas...

Un lecteur-étudiant, pendant les vacances avait travaillé comme emballeur dans une usine à parfums Nina Ricci, près de Fontainebleau. Il m'écrivit pour me signaler, outre des conditions de travail très dures, l'existence d'un directeur du personnel giscardien, toujours prêt à faire un sermon politico-réactionnaire du meilleur cru. Je me suis présenté comme étant animateur socio-culturel à la M.J.C. de Châlons-sur-Marne et donnant tous les mois une conférence sur l'orientation professionnelle à des jeunes qui ne voulaient plus rien foutre. C'est exactement ce qu'il fallait dire et il démarra au quart de tour, acquiesçant et en rajoutant sur mes propos, affirmant que lui s'était fait à la force du poignet... le baratin habituel, quoi ! Il était quatre heures de l'après-midi et il parlait entre une bouffée de cigare et une éructation, il revenait certainement d'un repas d'affaires et présentait lui-même à mon œil émerveillé sa propre caricature.

Là encore je ne me privais pas de traduire ses états d'âme et sa présence aussi physique que sonore. Des rencontres aussi ubuesques sont quasiment inespérées, il y a quand même des cas où la réalité dépasse la fiction.

Pour visiter les centrales nucléaires, je n'ai pas eu besoin d'un alibi, je me suis annoncé venant de «Charlie-Hebdo» (à la place de Cavanna invité) et je me suis retrouvé à bord d'un airbus affrété spécialement pour la presse par EDF, il y en a aussi pour les maires et les conseillers municipaux des localités où EDF compte s'implanter. Visite guidée de la centrale, avec discours adéquat, bien préparé pour répondre aux écolos, rassurant au possible. Ils finiraient par être convaincants si on n'était pas sur ses gardes !

Ensuite une bouffe de première catégorie.

Inédit.

— Etes-vous passé à la décontamination... Au cas où vous auriez traversé le nuage radioactif ?

Quelques jours après cette visite, je suis allé voir le maire de Belleville-sur-Loire (toujours en me présentant comme animateur socio-culturel) qui m'a raconté avoir été, au cours d'un voyage organisé par EDF en Amérique, visiter la centrale de THREE MILES ISLAND que l'on montrait comme exemple-type de la réussite en la matière, quelques jours seulement avant qu'elle ne pète ! Et qui m'a affirmé, sans sourciller, que la presse dramatisait, qu'il n'y avait pas lieu de s'inquiéter, qu'il avait visité les installations et qu'il s'était bien rendu compte qu'un accident n'était pas possible et que tout cela n'était qu'affabulations de journalistes en mal de sensations et que de toute façon seul le nucléaire pouvait nous sortir de la crise de l'énergie. Visiblement, l'accident n'avait pas le moins du monde ébranlé ses convictions (le bourrage de crâne, ça doit exister !).

Je dois bien avouer être resté passablement sceptique à ces propos et je n'ai pu m'empêcher de penser aux cons (il doit y en avoir) qui prenaient ses dires pour argent comptant et qui n'ont certainement pas changé d'opinion après l'accident de Tchernobyl.

C'est dans les égouts que j'ai découvert un abri anti-atomique sous le Ministère de l'Equipement au 56 du Boulevard Lefèvre dans le XVe. Un lecteur, pour avoir du fric et faire le tour du monde, volait du plomb, pour la quille de son bateau. Il avait trouvé le filon : une tonne de plomb venant des portes de blindage ; c'est d'ailleurs au blindage de plomb que l'on reconnaît les abris anti-atomiques.

Nous y avons accédé par des galeries souterraines du réseau téléphonique et avons marché pendant trois quarts d'heure, avec un passage dans l'eau dégueulasse jusqu'à la taille, pour enfin découvrir une salle gigantesque, pas encore fonctionnelle, pouvant contenir 500 personnes. Dans une salle attenante, la génératrice et quatre tandems côte à côte, devant servir à produire du courant en cas de panne.

J'ai glissé l'information dans l'oreille d'une journaliste du Point qui s'est bien gardée de dire ses sources et qui a ainsi eu tout le mérite de son «enquête» et de ses révélations. Un petit coup de chapeau à Charlie-Hebdo de la part de la «presse officielle» c'était trop espérer.

De nombreuses révélations de ce type étaient possibles grâce à la complicité des lecteurs qui se sentaient impliqués dans notre aventure. C'était une de nos forces d'aller faire des reportages, insolites ou du moins inattendus, sur le terrain. Il faut bien dire que pour un certain nombre de journalistes, leur job se réduit à un travail de bureau. Si on veut faire un reportage sur une grosse entreprise, il suffit de téléphoner à l'attaché de presse (ou à la personne chargée des relations publiques, ce qui revient strictement au même) qui envoie, par la poste, un dossier complet avec articles, graphiques, photographies... que le journaliste n'a plus qu'à compulser, piller, ordonner selon son goût, à la limite il peut se contenter de recopier certains éléments d'un texte prêt à l'emploi.

Il est bien évident que de tels articles ne reflètent que ce que l'entreprise veut bien qu'on dise d'elle et qu'il s'agit plus d'un travail publicitaire que d'un reportage. Pour le journaliste, c'est facile et ça peut rapporter gros ! Alors que le vrai journalisme doit s'apparenter à un travail de détective. Il ne faudrait pas que les journalistes perdent l'habitude d'aller sur le terrain.

En juin 82, je me suis rendu, pour «Le Canard», au sommet de Versailles où les journalistes étaient parqués dans l'Orangerie et suivaient la journée par vidéo interposée. Nous n'avions que l'œil officiel comme image, alors j'ai fait un reportage sur les journalistes. 3.000 journalistes en vase clos, c'est quand même quelque chose ! Au Canard, il y a de bons journalistes, l'astuce réside dans le fait d'envoyer deux reporters sur un même coup par des pistes différentes ; au retour de ces envoyés, l'information se vérifie d'elle-même. D'autre part, dans les affaires importantes, le Canard garde une poire pour la soif, et en cas de procès, présente un document resté en réserve, prouvant ainsi sa retenue dans l'affaire (effet garanti !).

AVANT, JE DISAIS N'IMPORTE QUOI ET SON CONTRAIRE... MAINTENANT, NOUS ALLONS NOUS PARTAGER LES RÔLES !
Cabu

Je travaille au «Canard enchaîné» depuis 1982, je m'y sens très à l'aise. Le dessin de presse est un moyen d'expression, il permet de dénoncer les brimades et les injustices quotidiennes. Il est une sorte de revanche, aussi bien pour le dessinateur que pour le lecteur.

Je remets un certain nombre de dessins en rapport avec l'actualité et suivant mon humeur. Je laisse aux rédacteurs le soin de choisir, en fonction de la place dont ils disposent et de l'intérêt qu'ils portent à mon travail. Je préfère ne pas assister à la sélection : que certains dessins ne soient pas choisis pourrait me contrarier sur le moment. A parution l'effet n'est pas le même.

Inédit.

De plus en plus le «Canard» découvre des affaires qui font la Une des journaux télévisés ou celle des confrères. Le comble c'est quand les journaux d'Hersant y prennent leurs références et le citent. C'est le signe que les informations sont prises au sérieux. Il faut dire qu'elles ne sont pas souvent démenties. Quand Le Pen gagne un procès (il en perd aussi, ne l'oublions pas) c'est juste parce qu'on a montré le bas de son dos (quel manque d'humour) et non pour des informations le concernant.

Inédit. *La France coupée en deux...*

... vue par Le Pen.

C'est un personnage que les médias ont beaucoup servi. Ses prestations à «L'heure de vérité» lui ont assuré une audience nationale. Même dans cette émission très sérieuse et bien préparée, je trouve les journalistes un peu superficiels. On pose toujours les mêmes questions, on ne connaît pas vraiment les dossiers à fond, c'est dommage.

Maintenant, il est difficile d'abattre le bonhomme, le mal est fait. Heureusement, certaines «questions de détail» font du tort au puncheur du Front National.

Trop souvent le citoyen ne prend pas l'homme dans son ensemble, il est séduit par un aspect, un détail ; il ne voit pas que les options sont liées les unes aux autres et que le tout est inacceptable pour une nation qui se dit civilisée.

Son jeu consiste à dire qu'on lui en veut, qu'il est sans cesse la victime de sombres complots. Il sait que la meilleure défense, c'est l'attaque. Comme il est bon orateur, ça marche. Il parle volontiers des procès qu'il a gagnés et oublie ceux qu'il a perdus. A force de coups de gueule il a amené la gauche à parler différemment de l'immigration. Au PS on évoque maintenant le «seuil de tolérance» mais par définition la tolérance n'a pas de seuil. Ce langage-là était impensable il y a quelques années. Il est bien évident que ses scores à Dreux, l'affaire du voile islamique où la gauche a manqué de fermeté et a quasiment renié la laïcité qui est un de ses fondements, le poussent vers des succès qu'attisent les journalistes friands de politique-spectacle, fût-elle de bas étage.

Inédit.

«Le Canard Enchaîné» est un authentique espace de liberté, sans publicité. Toute la presse devrait être aussi indépendante. Il faut qu'un journal vende de l'information et non de la publicité assortie d'articles divers.

«Le Canard», et quelques autres, remet les pendules à l'heure. Il a la particularité de se renouveler tout en restant fidèle à lui-même.

Il y a toujours eu des numéros qui ont fait du bruit, des articles qui ont fait grincer des dents, des titres qui sont restés célèbres. On se souvient des révélations sur les négociations de Chirac avant le 16 Mars 1986 pour que la libération des otages soit retardée... Souvent le «Canard» fait l'actualité pour l'ensemble de la presse. Avec les «Dossiers du Canard» on peut prendre un sujet à bras le corps et le traiter en profondeur. C'est un complément qui permet aux journalistes d'aller plus loin. Il y a quand même chez le lecteur d'aujourd'hui un souci d'être correctement informé. Malheureusement, seuls quelques centaines de milliers de Français sont lecteurs d'un journal d'information (certaines publications ne méritent pas ce nom, elles ne sont que des catalogues).

Le scandale des logements de complaisance.

Cabu est amené à se frotter aux politiciens, à les côtoyer, à découvrir les hommes qui se cachent derrière le masque.

Je fréquente assez peu les hommes politiques, ça me permet de garder mes distances. On dit Chirac sympathique dans le privé... (?!)

Quand Michel Rocard était Ministre de l'Agriculture, j'avais accepté une invitation chez lui avec Plantu, Bretecher et Wiaz. Nous avons découvert un homme affable, très technicien, bon économiste, assez loin des problèmes quotidiens des paysans, il le disait lui-même. Ses conseillers l'incitaient à convier à sa table des artistes de tous bords et de différentes spécialités pour parfaire sa culture qu'ils savaient défaillante. Nous lui avons trouvé une certaine rigueur toute militaire, d'ailleurs il nous avoua, en confidence, qu'il aurait aimé avoir le Ministère des Armées.

Déjà les vœux.

Inédit.

Inédit.

Mauroy nous avait également invités. Le sort a voulu que le repas eut lieu quelques jours après qu'il fût démis de ses fonctions de Premier Ministre. Il eut l'élégance de ne pas annuler l'invitation. Son rêve d'alors était de devenir le président des villes jumelées, vœu exaucé depuis. Mauroy a un côté bon vivant, fraternel, sympathique. Il nous avait montré trois gros classeurs de dessins de presse qui lui étaient consacrés.

Ces hommes politiques importants sont des «assistés culturels», comme ils n'ont le temps de rien faire il faut leur porter la culture à domicile.

Inédit.

Moins de monde au cross du Figaro.

— La gauche remonte ! Champagne pour tout le monde !

ALLO? MAUROY?..
VOUS AVEZ QUI DANS VOTRE BUREAU?..
...
...LA BERGERONNETTE OU LA KRASUCKETTE?
HEU... CUI-CUI MONSIEUR LE PRÉSIDENT!
ALORS, MONSIEUR BERGERON... HEU... ON AMÈNE LE PRINTEMPS?
Cabu

TONTON ET LE TEMPS DE CARÊME...

Le gouvernement socialiste aura marqué la vie culturelle. Du temps de la cohabitation beaucoup de Français croyaient que Jack Lang était toujours ministre de la Culture, d'ailleurs il était sans cesse invité aux diverses manifestations. Depuis Malraux aucun ministre n'avait laissé une telle empreinte. La Gauche laissera cette trace, malheureusement elle en laissera d'autres du genre Luchaire.

La Droite a essayé de donner une image culturelle de sa présence, c'est du reste la plus belle gamelle en la matière. Comment pouvait-on croire que Léotard qui rêvait d'être Ministre des Armées, aidé de Santini qui rêvait d'être Ministre de la Sécurité, puisse avoir quelque compétence en la matière ? On sait bien que les portefeuilles ne sont pas toujours attribués aux plus compétents, ce n'est pas une raison pour les attribuer aux plus incompétents.

Le film de la semaine.

Inédit. *Un chien dans un jeu de quille.*

NOT' MAITRE EST REVENU

– ON EST CONTENT DE RETROUVER CELUI QUI NOUS PARLE COMME À DES DOMESTIQUES...

Inédit.

Inédit.

Que pense la base des justifications de Chalandon ?

Inédit. *Le nouveau comte de Paris.*

— *Mes conseillers, c'est moi qui les nomme !*

Comment la Droite a-t-elle pu croire qu'elle réussirait à gouverner avec une poignée de ringards, compagnons de la première heure du Gaullisme ? Avait-on envie de revoir Pons et Chalandon, même si on était un électeur de droite ? Je ne parlerai pas de Monory qui, dans son entêtement à refuser le dialogue avec les étudiants alors que la manif prenait des allures de monôme, a mis la France sur le pied de guerre (civile).

Après quoi il ne restait plus qu'à réélire le Sphinx en personne, qui, sans programme, sur sa seule prestance, l'emporta aisément.

On se dit qu'on a évité le pire, que notre Président fait bonne figure dans les manifestations officielles. On lui reconnaît le génie de la manœuvre, l'art du verbe... et la vie continue.

Pour les observateurs il n'y a rien de pire que le consensus, des attaques timides et des affrontements de principe. Où sont les belles bagarres idéologiques ponctuées de propos virulants, de mauvaise foi, d'injures et de mots d'esprit incisifs, prêts à devenir historiques ?

LE RETOUR DE LA CONFESSION
cabu
– PAS CONFESSÉ DEPUIS 20 ANS ?.. ON VA ÊTRE OBLIGÉ DE FAIRE ÇA EN PLUSIEURS FOIS !

Inédit.

Inédit.

Projet de couverture initialement proposé puis abandonné à la mort de Simone Signoret survenue le jour même du premier tirage. Finalement le livre s'intitulera «Bien dégagé sur les oreilles».

Cabu journaliste à travers le monde et en particulier en Russie pour l'ouvrage «Plutôt Russe que mort» paru aux éditions du Seuil en 1988.

Je suis allé trois fois en Russie en compagnie du journaliste Claude-Marie Vadrot. Deux fois en groupes organisés et une fois en touriste. En tout nous avons séjourné une trentaine de jours.

Notre but était de voir la vie quotidienne. Vadrot connaissait bien le pays pour y être allé plusieurs fois, il parle couramment la langue. Je suis parti avec l'idée de découvrir, en essayant de laisser les préjugés que je pouvais avoir. J'ai vu un pays moins communiste que je le pensais où les soucis quotidiens l'emportaient sur les préoccupations politiques. On peut évaluer à 10 % le nombre de possesseurs de la carte du parti.

Le voyage est toujours préparé et encadré par Intourist, de France. On peut aller pratiquement où l'on veut — ce qui n'était pas possible il y a quelques années — mais il faut tout prévoir de France. Sur place, on doit strictement se conformer aux prévisions.

Nous sommes allés en ville et dans les villages où nous avons rencontré des gens avec qui nous avons très librement bavardé.

Les Russes se reçoivent beaucoup le soir après le travail ; la vie est très conviviale. Les Français ont des leçons à prendre sur le plan des rapports humains. On serre les coudes, on s'intéresse aux autres.

Ceci dit, on mange très mal, c'est frugal, mal préparé et pas très bon. On s'invite pour bavarder, passer un moment ensemble, pas pour «bouffer». Ce qui d'ailleurs paraît difficile puisqu'il n'y a rien dans les magasins et qu'il faut faire la queue pour le moindre achat. On achète ce qu'il y a, le dernier arrivage quel qu'il soit, on fait provision de tout. Si une livraison de fraises congelées est annoncée, c'est la cohue, pourtant les fraises congelées ne représentent certainement pas un must gastronomique.

Nous avons rencontré un peintre — pas vraiment sympathisant communiste, mais pas dissident — avec lui j'ai dialogué en échangeant des dessins : c'était aussi original que sympathique. Il s'habitue à sa condition et ne veut pas quitter son pays pour la simple raison, très compréhensible, que c'est sa patrie. Il disait : «si ta mère est alcoolique, elle est quand même ta mère».

On a l'impression que la vie quotidienne est triste, du moins qu'elle manque de fantaisie, que la seule préoccupation est de pouvoir se procurer un peu de superflu.

Nous avons visité le Mausolée de Lénine, après avoir laissé la totalité de nos bagages à l'entrée, si bien que les croquis du bouquin sont entièrement faits de mémoire. On voit un Lénine cireux devant lequel défilent en silence curieux et militants. L'atmosphère est plutôt lugubre. D'aucuns prétendent que le corps authentique a été remplacé par une statue de cire suite à la décomposition du corps due à une fuite du gaz contenu dans le cercueil.

Inédit.

Croquis.

Dessin définitif.

«Le Figaro littéraire».

Inédit.

Pour compenser nous sommes allés voir un spectacle du type Lido. Paillettes, nénettes dévêtues, une Joséphine Baker, la taille ceinte d'un régime de bananes, strass, musique occidentale. Ce n'était pas de la guibole flasque mais c'était loin du gai-Paris. On imite, on se saoule d'illusions.

Vadrot pense que l'intrusion de la musique occidentale, et du rock en particulier, est un progrès et va accélérer la marche vers la liberté. Moi je ne crois pas trop aux vertus du rock en Russie, déjà que je n'y crois pas en France !

Au cours du Festival International de la Jeunesse — qui fut l'occasion d'un de mes voyages — les autorités crurent que vers 23 heures les jeunes allaient sagement rentrer à l'hôtel. Personne n'avait prévu que les Français allaient improviser une fête sur la Place Rouge avec la complicité des jeunes Soviétiques et des autres. Musique, chants et danses devant le Mausolée de Lénine. C'est comme si on dansait sur le tombeau du soldat inconnu à Paris. Le quatrième jour, la place fut fermée. Bienheureuse lenteur de l'administration.

Il est évident que pour les Russes, la France c'est le Pérou : la liberté, la vie facile, ce que l'on comprend aisément après un séjour. Ceci dit, on n'a pas l'impression d'un peuple malheureux, mais résigné.

Depuis, les événements se sont précipités et ont dépassé nos prévisions les plus optimistes.

Ce que nous avons constaté s'est intensifié, le vent de liberté qui commençait à souffler s'est accentué, les chanteurs de rock peuvent s'exprimer librement mais les denrées alimentaires sont toujours aussi rares.

On dit que les troupes soviétiques vont se retirer de la totalité des pays satellites.

Je crois qu'on peut affirmer que le stalinisme est bien mort. Mais il faut être prudent quant au devenir de ces pays que l'on dit subitement libres et qui immédiatement se raccrochent aux valeurs ancestrales de la religion. Ce n'est quand même pas aller de l'avant et vers un monde nouveau que de se réfugier dans des principes antédiluviens.

L'idéal serait de trouver un moyen terme entre le capitalisme effréné et le communisme pur et dur. J'ai bien peur que le tempérament slave les porte plus vers un mysticisme empreint de mystères que vers la réalité quotidienne d'une société cartésienne.

Inédit.

— Liliane ! défais la valise ! on n'ira pas en Bulgarie, on ira à Aubervilliers !

Pour préserver son intégrité, Cabu a entrepris un voyage aux Etats-Unis — toujours en vue d'un ouvrage à paraître au Seuil — pour de visu découvrir la société américaine.

L'image de l'Amérique que je garde en moi, est celle de grandes étendues vides et tristes. J'ai vu se multiplier à l'infini la séquence du film «La mort aux trousses» où Cary Grant est poursuivi par un avion. Toutes les villes se ressemblent, elles n'ont pas de cœur. On se demande toujours si on va rentrer dans la ville, jusqu'au moment où on s'aperçoit qu'on l'a déjà dépassée. Ce sont des cités de banlieue, sans âme, où on ne s'installe pas, où on vit en attendant mieux, c'est du moins l'impression que l'on ressent.

La pauvreté est bien plus omniprésente que chez nous. Sur les trottoirs déambulent les noirs et les pauvres, alors que les automobiles circulent dans la rue.

Le nouvel urbanisme a mis en place un réseau de galeries souterraines qui relient les immeubles où les gens travaillent. Si bien qu'on peut faire ses courses, boire un café, ou un coca, sans réapparaître au grand jour. Ainsi se développe une fourmilière qui ne laisse rien augurer de bon pour la vie urbaine de demain.

Si ce n'étaient les gratte-ciel, on n'est guère impressionné par le gigantisme américain dont on nous a rebattu les oreilles. Les voitures qui circulent, surtout japonaises de petites cylindrées, sont loin des monstres dévoreurs d'essence qui ont fait la légende de l'Amérique.

Et puis il y a Disneyland, monstrueux de laideur et de bêtise. De surcroît d'une rare pauvreté d'imagination. Les visiteurs sont pris en charge et n'ont plus qu'à consommer. Les Américains traversent le territoire pour s'y rendre. Je crois que les Allemands aimeront le Disneyland français, ce cadeau fabuleux de Fabius aux Américains !

Je me demande d'où peut venir cette fascination pour l'Amérique alors que nous avons un passé, une culture, une langue riche.

L'Amérique symbole de la réussite ! Avec trente millions de pauvres ! Non ! Amérique, miroir aux alouettes !

Il était une fois un Américain qui aimait... montrer les diapos de sa famille...
LÀ, C'EST MON FRÈRE... UN SACRÉ DRAGUEUR !
LÀ, ON VOIT MA BELLE-SOEUR QUI PREND L'APÉRO...
RRRRR
LÀ, AU BORD DE SA PISCINE... MAIS... MAIS ...ILS DORMENT LES MALPOLIS !!
RRRR
PUISQUE C'EST COMME ÇA, JE VAIS VOUS EN COLLER DES SÉRIES DE DIAPOS DE FAMILLE ...ET QUI BOUGENT !..
RANCH
DALLAS
3.650e ÉPISODE
Sa vengeance fut terrible ! Ce fut DALLAS !

Télé-Poche.

CFDT-MAGAZINE N° 89 DÉCEMBRE 1984

Inédit.

LES IMAGES DES AUTRES

A la Télévision, sur des livres, dans des journaux et même sur du papier dessin, CABU fait des images : des drôles, des grinçantes, des contestataires, des sympas, des moins sympas et même des pas sympas du tout…

Bien d'autres avant lui se sont attelés à cette tâche, beaucoup continuent, comment voit-il les images des autres ?

Nous savons qu'il découvrit Grove et Dubout alors qu'il était encore un jeune adolescent, mais il reconnaît les grands ancêtres : Gus Bofa, Forain, Josso et de grands contemporains : Sennep, Ronald Searle (qui vient tout droit de l'école italienne du XVIIe siècle), Solo et Vasquez de Sola pour la caricature, une caricature qu'il juge cubiste et parfois si parfaite, si forte, que le public décroche.

Mais le plus grand, le maître, c'est Rembrandt, dont il juge les croquis tout simplement éblouissants. Faisons donc un petit tour dans le passé et une balade dans le présent, et entrons dans le monde des images (nous n'en étions guère loin).

Croquis.

J'ai une grande admiration pour Dubout, qui avait créé un monde bien à lui ; il est difficile d'y déceler des influences, peut-être Brueghel.

Je pense que Dubout a mis le meilleur de lui-même dans ses dessins, comme Charles Trenet dans ses chansons, et c'est peut-être pour cette raison que je n'ai jamais cherché à le rencontrer. Il faut préciser que quand on admire, on idéalise un artiste par presse, cinéma ou TV interposés, on prend un risque en voulant le rencontrer, car sa personnalité peut très bien ne pas correspondre à notre attente, et il est possible d'essuyer une rude déception qui détruit l'image idéalisée que l'on s'était faite à travers l'œuvre. Alors, il est bon de garder intacte cette image. Bien sûr il y a les rencontres où le type se révèle encore mieux que ce que l'on attendait... mais au départ un pronostic n'est pas possible...

Dubout recréait le monde, il donnait des images tranquilles, légères, drôles, folles. Peut-être était-il un grand pessimiste ?

Ce qui m'étonne le plus chez lui, c'est son savoir-faire : ses dessins étaient conçus comme de la dentelle, il partait d'un bout et progressivement remplissait son espace et le résultat était impeccable. Tous ceux qui ont voulu faire du Dubout se sont plantés et ont fait des horreurs, seul Dubout avait la rigueur nécessaire à une parfaite réussite : ses compositions sont aérées, bien équilibrées, c'était un véritable faiseur d'images ; ses légendes semblaient rajoutées, ce ne sont certainement pas elles qui ont fait son succès. Des dessins de Dubout émanait la joie, le bonheur que l'on peut ressentir devant une œuvre d'art. C'était un grand technicien ! Il ressort de ses dessins une impression de «bien français». Ce qui est impressionnant, c'est que malgré la densité et le nombre de personnages qui envahissent son cadre, le tout reste très lisible et plein de fantaisie. L'humour, et le réalisme des gueules me laissent à penser qu'il avait un carnet de croquis pris sur le vif et que certains de ses personnages-types étaient la synthèse de ce travail.

Ce qui nous amène tout naturellement à parler de la caricature, fer de lance du travail de CABU, dont Goscinny disait : «Cabu charge et enlaidit ceux qui sont beaux et épargne les moins favorisés par la nature».

Caricaturer, c'est accentuer la grimace naturelle de son modèle. La caricature est actuellement le parent pauvre du dessin dans la mesure où elle n'est pas très utilisée dans les journaux, les caricaturistes sont obligés de produire des dessins d'humour ou d'actualité pour vivre.

Pour qu'une caricature soit de bonne qualité, il faut qu'elle soit ressemblante (c'est la moindre des politesses) et qu'elle traduise la psychologie du personnage. Faizant sauve ses caricatures, assez médiocres, par un dialogue pertinent, Wolinski ramène les gueules à son style habituel, il fait Giscard ressemblant à ses personnages, c'est une RE-création, on peut croire que c'est la facilité, en réalité c'est très fort parce que Giscard reste Giscard. Quand un personnage est très connu et trop caricaturé, il se dégage une caricature-type qui fait qu'on arrive à s'inspirer de la caricature-type et non du modèle.

Moto-crottes, caninettes sur patins (invention Chirac pour hiver rigoureux), 1986.

Belmondo remonte sur les planches.

On dit qu'Alain Delon est beau, mais moi je le trouve très laid, surtout intérieurement, et pour faire ressentir ce sentiment et faire correspondre le dessin à l'image sombre que je veux donner, je le charge, ce qui n'est pas facile, avec des traits mous, réguliers, sans intérêt, c'est un de ceux qui m'ont donné le plus de mal. J'ai fait de lui une composition sur la nuit des Césars qui n'était pas piquée des vers... Je pense qu'il l'a vue, ne serait-ce que parce que dans ces cas-là, il y a toujours une bonne âme charitable pour vous mettre sous le nez la preuve qu'on ne dit pas que du bien de vous.

Le visage est le reflet de l'intérieur de l'homme, il faut bien reconnaître que si la nature nous dote d'un certain physique, que nous subissons, c'est l'intelligence et la sensibilité, les chrétiens diraient l'âme, qui animent ce visage.

En ce qui concerne la morphologie, il existe une dizaine de types humains. On peut classer les individus : les ronds, les maigres, les sanguins, les bilieux, ceux qui ont les yeux enfoncés, le menton en galoche... Quand je ne peux pas dessiner sur du papier, je dessine dans ma tête par la méthode des sosies : celui-là ressemble à De Funès, celui-là à Belmondo, celle-ci à ma concierge...

LE CHANGEMENT DANS LA PROGRAMMATION DES FILMS ET DES DRAMATIQUES
J'AIME LES FILMS DE DÉTENTE
JE PARIE QU'IL Y A PLUS DE MORTS VIOLENTES DANS LES FILMS DIFFUSÉS DEPUIS LE 10 MAI... QU'AU NICARAGUA PENDANT LA MÊME PÉRIODE...
AH ! SI ! UN CHANGEMENT QUAND MÊME ..DANS SON DERNIER FILM, DELON TIENT SON FLINGUE DE LA MAIN GAUCHE
POUR ME DÉTENDRE, J'AI BESOIN D'UN MONCEAU DE CADAVRES !
C'EST DRÔLE, JE VIS PRÈS D'UN MONCEAU DE CADAVRES, ET JE N'ARRIVE PAS À ÊTRE DÉTENDU !

Télérama.

Michel Blanc et Gérard Depardieu.

«Tenue de Soirée» de Bertrand Blier, Cannes 1985.

Les femmes acceptent plus difficilement la caricature, elles ont du mal à jouer le jeu de la distorsion et sont réticentes pour trouver des ressemblances. Il y a moins de gueules chez les femmes parce qu'elles trichent davantage grâce au maquillage, à l'uniformité des modes qui égalisent les coiffures et colorent unanimement les visages des mêmes teintes.

Je me sers de la caricature pour mes reportages, pour des programmes ; Maxime Leforestier que j'ai dessiné angélique comme je le ressentais à l'époque ; Play Time ; Super Dupont..., des affiches ou des pochettes de disques pour des copains, car ce travail s'associant à la publicité, je ne veux participer à la promotion que des gens que j'estime.

Quand je travaille pour Font et Val, j'y vais à fond parce que je sais que leur public réagit au second degré et comprend que l'esprit de l'affiche est identique à l'esprit du spectacle.

Sur une affiche, représentant une main tenant leurs deux têtes, j'avais mis : «ils finiront sur l'échafaud», l'abolition de la peine de mort m'obligea à en faire une autre.

Ce sont eux qui me demandent d'être provoquant, alors je ne vais pas me gêner, surtout que j'aime ça !

On n'voit jamais votre fils à la télé !...

FONT ET VAL CHEZ ANNE SINCLAIR À "7 SUR 7"

FONT ET VAL À "SACRÉE SOIRÉE"

OH! VOUS SAVEZ, S'ILS NE SONT PAS DANS MON SAC, ILS SONT DANS MA VOITURE !
cabu

Candide.

Inédit.

Le Figaro Littéraire.

REGARDS

Le monde s'agite et, imperturbable dans la tourmente, CABU croque et de sa plume acerbe, témoigne.

Il y a aujourd'hui une certaine mode de la morosité, quand ce n'est pas du sordide.

Notre monde s'exprime par le rock en musique, et par les tours des banlieues en ce qui concerne l'architecture, ce qui me fait penser qu'il y a dégénérescence des arts. Quand on pense qu'il y eut Palladio (1518-1580) et Monteverde (1567-1643) qui ont conçu des chefs-d'œuvres éternels, on pouvait espérer à partir d'eux autre chose que la «mode grisaille».

Il est difficile d'accepter une banalisation par le bas, c'est à partir de ces maîtres incontestés que les arts auraient dû évoluer, alors qu'en réalité, ils n'ont été qu'en se dégradant.

Le rock, dont l'importance ne dépassera pas celle du tango qui n'a pas laissé de grands noms et aucune trace dans la littérature, le cinéma et autres moyens d'expression, n'est qu'un sous-produit du jazz qui est une musique sensible, nuancée, une musique de fête, de liberté, d'épanouissement, l'explosion de joie d'un peuple qui découvre la vie (Ah ! revoir «Stormy Weather» et Cab Calloway).

Je crois que si on banalise le climat-banlieue, c'est pour l'imposer comme s'il était une évidence sinon une nécessité, de façon que ceux qui le subissent cessent de le subir pour l'accepter en se sentant dans le décor normal du XXe siècle.

— Tu veux une poupée ou un ordinateur ?
— Un ordinateur qui fait pipi !

SiNON
JE CHANTE
DU
SHEiLA
cabu

Quand Lionel Hampton retire sa veste...

Au Festival de Jazz d'Antibes - Juan-les-Pins, Lionel Hampton a réconcilié les fans du jazz traditionnel et ceux du jazz d'avant-garde... (Dessin de CABU.)

Le Figaro, 22 juillet 1970.

AUTREFOIS...
MAINTENANT
DANS UNE SOIREE PRIVEE
AUTREFOIS...
MAINTENANT
JOHNNY HALLYDAY
MON PREMIER LIVRE
DANS L'INTIMITE
AUTREFOIS...
MAINTENANT
DANS LA VIE DE TOUS LES JOURS
cabu

«Jazz hòt».

UNE ENQUETE JAZOTTE
QUE PENSEZ-VOUS DE CHARLIE MINGUS ?
— POUR MA PART, J'PRÉFÈRE ERIC DOLPHY...
MONSIEUR FILIPACCHI QUE PENSEZ-VOUS DE COLTRANE ?
NANANIA
— BAH... POUR CEUX QUI AIMENT LE JAZZ...
QUE PENSEZ-VOUS DE ORNETTE COLEMAN ?
— BEN J'AI RIEN CONTRE RIEN ... DU MOMENT QU'ÇA CHAUFFE...
— MONSIEUR PANASSIÉ, QUE PENSEZ-VOUS DE THÉLONIOUS MONK ?
— JE NE SAIS PAS, JE NE LE REÇOIS PAS SUR MON POSTE À GALÈNE...
cabu

Télérama.

Il me paraît de meilleur aloi de projeter la joie, plutôt que de gémir sur le revers de son blouson de cuir. Quand je fais des dessins contre le rock (symbole de la jeunesse et de modernité), je perds des lecteurs car le sujet est tabou : qui n'aime pas le rock est suspect. Pourtant le rock est pour moi le témoignage de l'emprise américaine, même s'il est chanté en français, cette civilisation américaine qui nous distillait hebdomadairement nos trois quarts d'heure de «Dallas», ce phénomène inexplicable. Son succès vient-il du style roman-photos du samedi soir, de l'union fric-famille ? Qui sait ?

Le rock est le véhicule de la consommation, alors que le jazz est le véhicule de l'espérance, bien que tous deux viennent d'Amérique. Il ne manquait à cette décadence que l'apparition du walkman, qui nous laisse présager du temps prochain où nous verrons les électrodes directement branchées sur le cerveau.

Tranches de vie par Cabu
SHEILA
"l'école est finie"
15 ans
SHEILA
"C'est ma première surprise-partie"
17 ans
SHEILA
"bang-bang"
20 ans
SHEILA
TIERCÉ
"qu'il est joli garçon le payeur des Allocations"
30 ans
SHEILA
"mon retour d'âge"
50 ans
SHEILA
RIS-ORANGIS
"le temps des fraises"
70 ans

«Rock et Folk».

CABU : La retraite des idoles

«Journal du Dimanche».

CABU le nostalgique, le passéiste diront certains, aimant les mélodies qui se fredonnent le matin en se rasant, c'est ça la vraie chanson française, celle qui répond à une certaine tradition, celle qui évoque la France des années 50, pour tout dire, celle de Charles Trenet...

Charles Trenet évoque la France provinciale (la France profonde) d'une façon gaie, alerte, il est le premier chanteur de variétés à avoir composé de la musique de jazz sur laquelle il a su plaquer un heureux dosage de mots, de consonances, d'humour. Les professionnels ne tarissent pas d'éloges sur lui, mais je ne suis pas sûr que le public ait vraiment suivi. Que les gens de métier lui reconnaissent une grande influence et un grand talent est important, les plus beaux compliments sont ceux qui viennent de la profession.

La chanson est un art populaire qui doit faire vibrer le peuple et pas seulement les critiques et les confrères.

On n'entend pratiquement jamais Charles Trenet à la radio et le jour où il mourra, les hommages afflueront de toutes parts et on n'entendra que lui pendant une semaine. La même chose s'est produite avec Jacques Tati, lamentablement abandonné à la suite de son semi-échec de «Play Time», à qui on n'a jamais donné les moyens de refaire un film alors que tout le monde s'accorde à reconnaître son génie. Sur scène, Charles Trenet communique son enthousiasme au public, il n'a pas besoin de solliciter, comme certains, la foule pour qu'elle se mette à chanter avec lui. Charles Trenet sur les planches : c'est le soleil personnifié !

Je suis plus sensible à son côté fantaisiste style «jardin extraordinaire» qu'à son côté poète éternel de «la mer».

- Pourquoi j'aime
tant ce que chante ce
monsieur blond ?
Ah ! Trenet, c'est
la chanson et c'est
la vie, tendre, grave
légère - le culte de
l'enfance, la nostalgie
de la jeunesse, un hymne
à la province qui est
dans notre cœur
- même si elle n'existe
pas - bercés par
une musique qui
vient directement
du Jazz - La télé ne
convient guère à Trenet Faites comme
moi, laissez tomber Sheila pour un soir
et demandez lui "Mam'zelle Clio" - C'est
la chanson : l'alliance parfaite du mot et de la
note...

Trafic
un film de Jacques Tati —
distribué par les films Corona - Paris

MONSIEUR HULOT

Tati nous a quitté et comme on s'y attendait les médias ont crié à la disparition du génie injustement oublié, une envolée quelque peu tardive, le dit génie n'ayant plus les moyens de s'exprimer faute d'argent.

CABU eut des rapports privilégiés avec Jacques TATI à l'occasion d'un programme pour «Play Time» que celui-ci avait demandé aux éditions Dargaud.

A l'occasion de ce travail j'ai eu la grande chance de rencontrer Jacques Tati qui est venu me rendre visite à plusieurs reprises. Quand il venait, ce n'était jamais pour une heure mais pour une après-midi entière, car il avait toujours tout son temps, il prenait le temps de vivre et ne s'était pas laisser piéger par notre société à la con dont il abominait l'urbanisme galopant.

Il ne s'agissait pas chez lui d'une analyse politique mais seulement de bon sens et de chaleur humaine, peut-être un peu de compassion pour ces pauvres gens pris dans le tourbillon d'une civilisation déshumanisée. Ce qui était amusant, c'est qu'il me racontait le film en le mimant, il interprétait tour à tour tous les personnages, ce que d'ailleurs il faisait sur le plateau de tournage pour expliquer aux comédiens ce qu'il attendait d'eux. On dit que Buster Keaton pratiquait également de la sorte.

Il m'avait, entre autres choses, raconté que l'huissier qui appuyait sur des boutons, l'espace de quelques secondes, était un véritable huissier qu'il avait vu faire ce travail durant le tournage de «Mon Oncle» et qu'il était allé rechercher dans un hospice, sachant bien que personne ne pourrait mieux que lui, refaire ces gestes qu'il avait fait toute sa vie.

Il disait que tout son jeu partait des jambes, tout comme celui de Laurel pour qui il avait une grande admiration, il est vrai que la position des jambes détermine la silhouette. D'ailleurs Tati s'attachait beaucoup aux attitudes et faisait des films quasiment muets, avec une bande son pratiquement abstraite, de laquelle ne se détachaient que quelques paroles audibles, qui restituaient les sons de la vie avec leur brouhaha, leur incertitude.

De temps en temps, j'allais lui rendre visite à son bureau de la M.P.C. à La Garenne-Colombe.

Il y avait au mur une photographie de Tati avec Stan Laurel, dans une petite voiture. Il lui avait rendu visite lors de son passage en Amérique.

Il m'a raconté qu'il avait fait précédemment une promenade en ville avec Laurel déjà handicapé qui marchait avec des béquilles, et comme des passants l'avaient reconnu il leur avait expliqué qu'il répétait un rôle. Pudeur de l'artiste qui ne veut pas donner une image dégradante de son personnage.

J'ai fait également des dessins pour «Trafic», car il n'aimait pas beaucoup les photographies de plateau, qui ne sont pas prises pendant le tournage mais pour lesquelles on fait poser les artistes alors que la séquence est enregistrée.

L'Univers de «Jour de Fête» retrouvé chez Cabu.

"C'est ce qui reste d'une Maison de la Culture quand on a tout oublié.."

Ces dessins, je les ai réalisés suivant ses conseils et surtout suivant son mime auquel j'assistais ; un numéro de mime de Tati rien que pour moi, c'était formidable ! Il faisait vraiment tout, y compris la marche tressautante des bonnes femmes ! N'oublions pas que c'était un mime formé à l'école du music-hall.

Outre ce spectacle exclusif et savoureux dont CABU se souvient aujourd'hui avec joie et émotion, Tati avait raconté quelques souvenirs, fait quelques confidences.

Que celles-ci servent à la compréhension de celui qui fut un grand incompris (du moins des financiers !).

Il aurait voulu qu'on lui donne les moyens de s'exprimer, donc de faire un film, tout comme on donnait les moyens à Marcel Dassault de penser et de réaliser un nouvel avion, bien souvent engin de mort. Il s'était révélé assez tard, d'abord acteur de music-hall, il avait plus de 40 ans à la sortie de «Jour de fête» qui était resté 2 ans dans les tiroirs parce que personne ne voulait le distribuer sous prétexte qu'il n'était pas à la mode. Il est vrai que c'était un film champêtre qui sortait au moment où tout le monde se tournait vers l'Amérique, c'est d'ailleurs bien ce que dénonçait le film puisqu'il s'agissait d'un facteur qui faisait sa tournée «à l'américaine».

Pour «Les vacances de Monsieur Hulot», que je considère comme son chef-d'œuvre car je ne peux plus aller en vacances sans y penser et sans en constater la perspicacité, Jacques Tati reçut à Hollywood l'oscar du meilleur film étranger. Notons que les bruits de la voiture de M. Hulot ont été écrits comme une véritable partition. Le lendemain de la réception de l'oscar, il fut invité à dîner par le patron de la M.G.M. Une voiture somptueuse avec climatisation, bar et chauffeur en casquette l'attendait à son hôtel.

Après un plantureux repas dans un restaurant chic et alors que le dessert s'émiettait, le patron de la M.G.M. lui proposa un contrat pour une série de Monsieur Hulot que Tati réaliserait lui-même. Tati ne voulut pas être pris au piège de la série (du genre Monsieur Hulot aux sports d'hiver, Monsieur

Hulot sur la lune, etc.) être prisonnier d'un contrat, obligé de réaliser un travail rapide et forcément bâclé. Il aimait trop se promener tout à loisir sans être reconnu et trouver ses gags sur le vif. Il ne voulait pas devenir une vedette qui ne pourrait pas faire un pas dans la rue sans être importunée. Il refusa donc. En quelques secondes, le patron de la M.G.M. avait disparu (un rendez-vous urgent) et il se retrouva devant le restaurant où une toute petite voiture, toutes proportions gardées, l'attendait pour le reconduire.

Tati ayant trop dépensé s'est vu couper les vivres, aucun producteur n'a voulu lui donner une nouvelle avance.

Aucun gouvernement ne lui est venu en aide, on a laissé son génie s'éteindre à jamais sans lui tendre la main. On peut parler ici de responsabilité collective.

Dans notre monde moderne, un type de cet acabit qui ne rapporte pas du fric immédiatement est maudit. Et bien entendu, tout le monde s'accorde à lui reconnaître une grande valeur inutilisée.

Tati a réussi à garder son indépendance et à préserver sa liberté d'inspiration, sans jamais le moindre soupçon de démagogie. Il aurait voulu que les gens soient gais, qu'ils s'amusent... Il avait organisé vers 1975 une fête à l'Olympia : au programme la fanfare des Beaux Arts, des numéros de cirque et «Jour de fête» ! Il était foncièrement chaleureux et, malheureusement pour son œuvre, pas gestionnaire pour un sou.

Il était un fidèle lecteur de «CHARLIE-HEBDO» dont nous parlions quelques fois, je l'avais d'ailleurs amené à une réunion de rédaction. Parmi les collaborateurs Gébé a certainement été celui qui a eu le plus de plaisir à le rencontrer.

Il avait demandé à Gotlib de lui trouver des gags car il ne dédaignait pas faire appel aux autres quand ils ont du talent (comme Pierre Etaix pour «Mon Oncle»). A la séance de bouclage de FLUIDE, dans une ambiance du tonnerre, à trois heures du matin, il était encore en train, pour le bonheur de tous, de mimer des scènes de ses films.

PAVOISEZ!...
Cabu

Cabu

Images de première communion

C'est bien ça, j'suis qu'un prétexte !...

«L'Union».

— SECATEUR...

L'Univers de Joseph Tati chez Cabu, 1959.

Le malade pourra choisir son médecin.

Inédit.

LES TABOUS

Pour beaucoup, CABU égale DUDUCHE. Si on en croit ses dires (et pourquoi ne le croirait-on pas ?), il ne s'agirait que d'un phénomène de mimétisme, car pour croquer ce grand dadais il s'est simplement inspiré d'un copain du lycée de Châlons, un grand, un peu marginal, un peu paumé, à côté de ses pompes, un de ceux qui ne suivent pas la mode et qui pour cette simple raison garde sa personnalité. Les jeunes, ou les moins jeunes, veulent suivre la mode pour se créer une identité et c'est justement en suivant la mode qu'ils nient leur propre identité. Si Duduche a fait parler de CABU, le mongolien, Camille le Camé et Catherine ont fait parler d'eux.

Le mongolien ne me valut que des inimitiés, tout comme les rockers, il fait partie de la caste des intouchables.

Pourtant, ce mongolien fut mon voisin pendant 17 ans, nous avions des rapports très sains, et s'il n'était pas d'une intelligence rare il n'était certainement pas plus con que beaucoup de nos concitoyens dits normaux, c'est ce que j'ai voulu montrer en employant ce personnage. Un mongolien, un beauf : même combat ! A noter qu'un mongolien n'est pratiquement jamais méchant.

Mon modèle a maintenant près de 40 ans, il se porte à merveille et vient de se marier.

J'ai reçu beaucoup de lettres d'éducateurs qui disaient ne pas être choqués mais qui comprenaient que des parents, des amis de mongoliens puissent l'être. C'est le coup classique : «moi je suis intelligent et j'ai de l'humour, mais au nom des imbéciles je vous demande de vous censurer».

L'Echo des Savanes, 1986.

D'ABORD LES PORNOCRATES
ENSUITE LES PÉDÉS...
ENSUITE LES ARABES...
ENSUITE LES GAUCHISTES...
ENSUITE LES CONS...
...HEU... NON !... PAS LES CONS !

L'Echo des Savanes, 1987.

Je ne vois pas pourquoi on ne peut pas rire des mongoliens alors qu'en toute impunité on peut se moquer des cocus à longueur des pièces de boulevard et de colonnes d'«Ici-Paris», la situation des uns ne me paraît pas plus enviable que celle des autres. Dois-je supposer qu'être cocu, c'est bien français, alors qu'être mongolien est une tare venue d'ailleurs ?

Dans le même registre, on peut se moquer des types qui se saoulent la gueule à longueur de journée à coups de gros rouge, alors qu'on déchaîne une levée d'indignation si on se moque des drogués. Pourtant la similitude saute aux yeux.

Moi je crois qu'il faut avoir le courage de la dérision, il est plus facile de se cacher la face plutôt que de dénoncer, même si la dénonciation se fait par le moyen de l'humour.

Ne soyons pas hypocrites et fendons-nous la gueule tant qu'il en est temps !

Mes anciens combattants aussi ont attiré des rumeurs. On devrait me remercier de mettre à la une cette race en voie d'extinction, qu'il faudra penser à protéger, peut-être en ouvrant des réserves et dont il faudrait se préoccuper de garder un spécimen pour le musée de l'armée. Si les anciens combattants témoignaient de l'horreur de la guerre, j'aurais un grand respect pour eux, mais avec leur(s) jambe(s) de bois et leur batterie de médailles, ils viennent perpétuer l'idée du combat, du patriotisme et témoignent que la guerre est éternelle et inéluctable ; ils méritent d'être bernés. Ils cautionnent l'institution militaire et guerrière qui met en danger notre monde.

La jeune et douce Catherine, évoluant dans une institution religieuse, fit relativement peu parler d'elle, peut-être parce que l'Eglise a perdu son sens hiérarchique et sa puissance financière dans une société où les curés sont à gauche et les fidèles à droite.

PRIONS POUR QUE LA MÉDECINE NE SOIT PAS COLLECTIVISÉE...
SALLE D'ATTENTE
ACADÉMIE DE MÉDECINE
DOCTEUR
...ÇA COMMENCE !

Inédit.

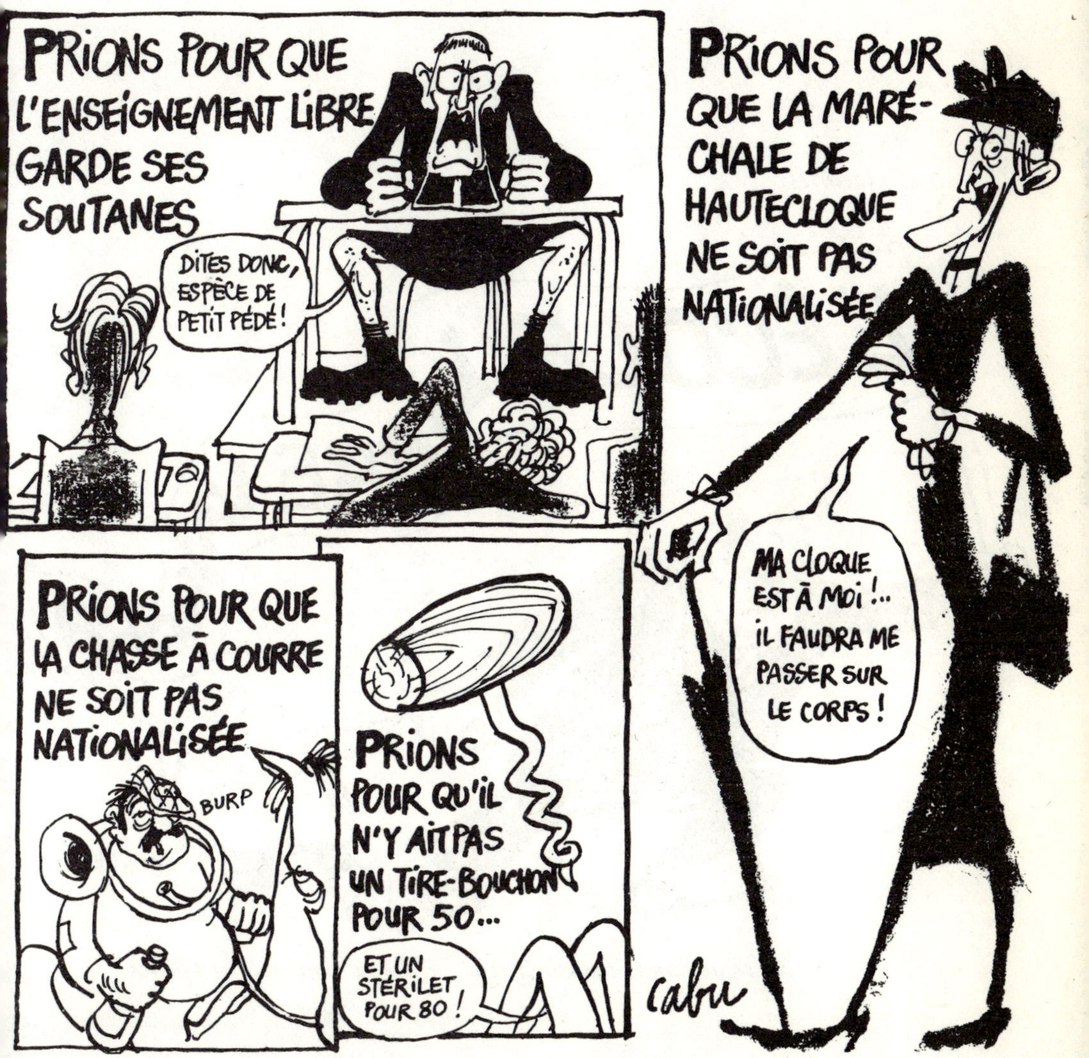
PRIONS POUR QUE L'ENSEIGNEMENT LIBRE GARDE SES SOUTANES
DITES DONC, ESPÈCE DE PETIT PÉDÉ !
PRIONS POUR QUE LA MARÉ-CHALE DE HAUTECLOQUE NE SOIT PAS NATIONALISÉE
MA CLOQUE EST À MOI !... IL FAUDRA ME PASSER SUR LE CORPS !
PRIONS POUR QUE LA CHASSE À COURRE NE SOIT PAS NATIONALISÉE
BURP
PRIONS POUR QU'IL N'Y AIT PAS UN TIRE-BOUCHON POUR 50...
ET UN STÉRILET POUR 80 !
cabu

Inédit.

Inédit.

— Je ne te demande pas ton avis !... Porte la banderole et tais-toi !

Inédit.

Mais... j'ai mon fils dans une école libre, moi !

Inédit.

JE N'AI QU'UN SEUL REGRET
(slogan bien connu)

A priori il semble bien normal de penser que CABU est contre la publicité et qu'il a de bonnes raisons pour ça. Et pourtant !... Nous avons tous en mémoire ses pages pour «Hollywood Chewing-gum». Alors, qu'en est-il ?

Je n'ai qu'un seul regret... Oui, j'ai un regret, c'est de m'être compromis dans une publicité, qui plus est pour un produit que j'abomine... Je ne chercherai pas d'excuses, c'est une faiblesse de ma part, le chèque a été plus fort que mes convictions. On notera quand même à ma décharge que cette faiblesse fut passagère et que je n'ai jamais recommencé. J'ai réalisé six dessins que j'ai vendus pour 9.000 francs, ce qui, à l'époque, représentait une somme qui me permit de me meubler décemment. C'est-à-dire qu'à partir de ce moment-là, la firme en a fait ce qu'elle a voulu, et à mon grand désarroi je les ai vus publiés à des milliers d'exemplaires dans des revues à grand tirage, telles «Mickey», «Pilote», «Lecture pour tous», «Sciences et Vie»... Mon «erreur» a été étalée au grand jour alors que j'aurais souhaité la voir minimisée par un petit tirage dans des publications confidentielles... Mais... je plaide coupable, Monsieur le Président ! Il faut que je précise qu'au début de ma carrière j'ai réalisé quelques publicités alimentaires (au sens strict du mot).

Plus tard, j'ai fait des dessins (que l'on pourrait qualifier de publicitaires) pour la Ligue anti-alcoolique. Ici, on ne vendait pas un produit mais une idée, la publicité s'est aujourd'hui attaquée à ce marché. C'est une des forces des publicitaires actuels de jouxter Coca-Cola et la Prévention Routière ; on pourrait trouver bien d'autres exemples de ce type.

En ce qui concerne cette campagne, je n'avais pas du tout l'impression de participer à de la publicité. Je me suis fait reprocher cet excès de moralisation ; quand on travaille à «Hari-Kiri», il n'est pas décent de trop élever la voix contre ceux qui se saoulent la gueule ! C'est déplacé !

Je ne suis pas opposé à la publicité pour ce qui concerne ce que traditionnellement on appelle «les grandes causes». Voilà, paradoxalement, un cas où la pub a pour mission de faire réfléchir (c'est presque de l'anti-pub !), mais je ne peux pas m'empêcher de penser qu'à l'occasion d'une campagne contre la faim dans le monde, les gros bonnets de la publicité s'engraissent sur le ventre des petits Biafrais. Je suis contre la publicité parce que nous n'en avons pas l'utilité, elle ne fait qu'accroître les besoins et augmenter la surconsommation... bien d'autres l'ont dit avant moi, mais je le pense sincèrement. Actuellement, la situation est particulièrement dramatique parce que techniquement la publicité est d'excellente qualité, les slogans sont étudiés pour frapper juste, les séquences filmées sont amusantes, percutantes, les affiches ont un indiscutable impact et bien souvent un certain intérêt artistique.

Il faut se rendre compte des dégâts de la publicité télévisée auprès des enfants, voir le nombre de sous-jouets pas éducatifs, pas solides, pas beaux et pas amusants qui sont vendus au moment de Noël et je ne parle pas de la publicité pour les sucreries qui font la joie ou le désespoir des dentistes.

Il serait temps de réaliser que n'importe quel produit, aussi infâme soit-il, grâce à la publicité peut se vendre, l'action télévisée étant jumelée à une action dans la presse et surtout à une action promotionnelle des représentants auprès des points de vente. On voit en vitrine cette aberration : vu à la TV ; comme si le fait d'avoir financé un spot publicitaire pouvait servir de référence ! Sous des aspects Jeunes-Joie de vivre, Confort-Famille, ou Flirt-Santé, on promeut n'importe quoi, y compris des produits dangereux pour la santé, tout le monde le sait mais la consommation de ces produits n'en est pas pour autant ralentie. Y aurait-il en filigrane la philosophie du «J'en ai plus pour longtemps, alors j'en profite de n'importe quelle façon» ?

Quand je vois une «belle» publicité, j'essaie de ne pas raisonner en esthète, mais de penser aux dégâts à venir. Quand je vois un char, je ne pense pas à la merveilleuse mécanique mais aux victimes potentielles de cet engin de mort. Il vaut mieux se demander à quoi ça sert plutôt que comment ça marche, c'est ce que certains de mes professeurs ont essayé de nous faire comprendre en nous habituant et en essayant de nous inciter à développer notre esprit critique à propos des informations qu'alors nous écoutions à la radio : rien n'est laissé au hasard, rien n'est gratuit, les titres sont méticuleusement choisis, même si le «journal» commence par les résultats d'un match de foot ou le montant du tiercé, le choix n'est pas innocent. La façon dont les informations sont distillées peut faire basculer l'opinion publique d'un côté ou de l'autre. C'est une grande responsabilité pour le journaliste.

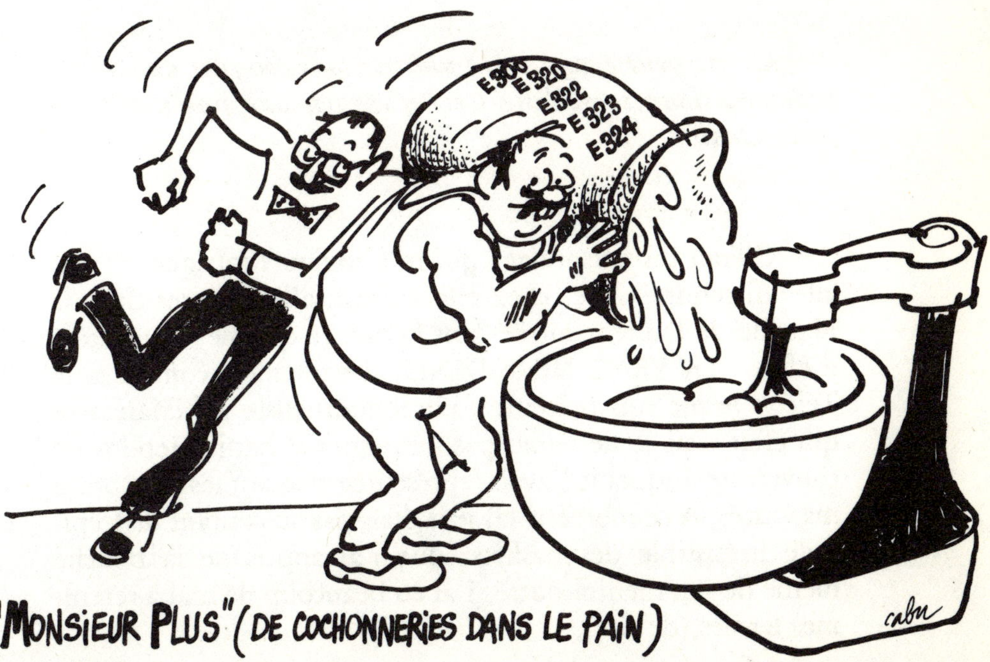

"MONSIEUR PLUS" (DE COCHONNERIES DANS LE PAIN)

Inédit.

Inédit.

On ne peut évoquer la publicité sans évoquer une de ses vedettes, sinon sa vedette (ceci n'est pas une publicité) : la mère Denis.

C'était un personnage qui m'a toujours intrigué, je suis allé lui rendre visite, chez elle à Barneville-Carteret dans la Manche. Je l'ai rencontrée dans la rue, ce qui me fit un drôle d'effet : LA VRAIE MERE DENIS, devant moi, comme à la Télé... Je me suis présenté comme journaliste au «Matin» ce qui était vrai, je ne tenais pas à évoquer «Charlie-Hebdo» en couverture duquel je l'avais représentée essorant les cormorans mazoutés. A ce moment-là, je n'étais pas au courant de l'épisode irrésistible des baskets, que j'ai appris de la bouche même de son mentor outré. J'ai eu beaucoup de mal à retenir mes larmes (de rire).

Rappelons pour la bonne compréhension de ce qui précède, qu'à la suite de cette couverture représentant la Mère Denis au secours des cormorans, son voisin qui s'occupait de ses intérêts, lui avait conseillé d'écrire à «Charlie-Hebdo» pour demander une compensation financière du fait qu'on s'était servi de sa personne, qui plus est de façon quelque peu discriminatoire. Elle écrivit donc, et lui aussi. La rédaction de «Charlie-Hebdo» réagit selon ses bons principes, en envoyant à titre d'indemnité une paire de chaussures de basket de pointure 46, ce qui fit dire à la Mère Denis qui ne manquait pas d'humour en l'occurence, qu'elle pourrait faire du ski nautique sur son lavoir ! C'est grâce à cet homme qui veillait sur ses intérêts que la Mère Denis a pu obtenir une rente de 1.000 francs par mois pour ses prestations télévisées, la firme Vedette s'étant contentée de lui offrir une cuisinière.

Cet ancien militaire, surveillant général dans une boîte à bac, avait parmi ses clients les enfants de Barre et Fourcade. Il fit intervenir ce dernier pour assurer à la Mère Denis le minimum vital jusqu'à la fin de sa vie. Il y eut menace de contrôle fiscal auprès de Bazaine, la boîte de pub, qui faisait la sourde oreille aux demandes de contrat pour leur employée. Ces 1.000 francs sont venus s'ajouter à la «retraite des vieux», la Mère Denis ne bénéficiant d'aucun autre secours ; ils ont permis un peu plus de décence dans sa vie quotidienne sans pour cela la porter à un niveau d'exception.

J'ai découvert un personnage truculent, ayant un sérieux coup de fourchette, levant bien le coude à l'occasion, de temps en temps photographiée par un car de Japonais, haïe par des voisins jaloux de sa notoriété. On ne pardonne pas à son voisin d'être célèbre pour des actes que l'on a conscience, à tort ou à raison, d'être capable de faire aussi bien que lui. Notoriété acquise au cours de trois séances de films (et de quelques photographies). On a reconstruit un lavoir où elle a lavé 50 paires de draps pour un impact publicitaire pratiquement sans précédent, la marque Vedette ayant quintuplé ses ventes à la suite de l'arrivée de la Mère Denis.

Bien entendu, la Mère Denis s'est «vendue» et ne contrôlait pas du tout l'utilisation qui était faite de son image. J'ai revu la Mère Denis en 1980 ; alors qu'elle était dans un hospice de Lisieux, à la suite d'une fracture du col du fémur. Au moment de son accident, elle devait tourner un film publicitaire pour Arcopal et prouver ainsi, selon elle, qu'elle n'était pas une «machine» à laver et qu'elle pouvait tenir d'autres rôles. Elle regrettait amèrement de ne pas avoir pu honorer son contrat qui aurait dû révéler au public les facettes cachées de son talent, et prouver sa qualité de comédienne. La lavandière devenue une vedette, sic !

Elle était la reine de l'hospice, les autres pensionnaires venaient la consulter pour lui demander conseil sur toutes sortes de problèmes, pas forcément ménagers d'ailleurs.

Dans cette affaire, c'est surtout le côté rapace des publicitaires à l'égard de cette pauvre vieille qui m'a le plus marqué.

GAÏNSBOURG SE REMARIE AVEC LA MÈRE DENIS
CHAQUE FOIS QUE TU BOIRAS UN COUP UN COUP DE BATTOIR !

Inédit.

Inédit.

J'ai refusé une publicité pour RTL qui m'avait demandé de réaliser, en toute liberté, sous forme de reportage, c'est là qu'était le piège, une double page montrant RTL vu de l'intérieur. Le reportage aurait été publié dans la presse, avec en surimpression un slogan et le sigle RTL. Ce que j'aurais volontiers réalisé comme reporter, je l'ai refusé comme publiciste, je ne vois pas pourquoi je cautionnerais une radio où sévissent des Drucker et autres Sabatier, que je dénonce à longueur de pages. J'estime que faire de la pub pour une marque, c'est avouer sa complicité avec cette marque, il aurait été malhonnête que l'on croit que j'écoutais RTL, parce que RTL je ne l'écoute jamais !

«Que choisir».

CARAVELLE
ESTAFETTE
cabu
Auto .... mobiles

Et demain ?

Qu'elle soit ordinaire, calculée, incidieuse, volontaire ou congénitale, la connerie trouvera toujours en Cabu, un adversaire farouche.

Militaires de tous poils, politicards de tous bords et beaufs de tous azimuts, prenez garde ! Le Cabu veille et de son crayon acerbe et lucide révèle vos quatre vérités qui, nous le savons bien, ne sont pas toutes bonnes à dire.

Tant que Cabu officiera, nous garderons foi en l'avenir de l'homme.

CET OUVRAGE
A ÉTÉ REPRODUIT
ET ACHEVÉ D'IMPRIMER
PAR L'IMPRIMERIE FLOCH
À MAYENNE EN MARS 1990

N° d'éd. 81. N° d'impr. 29194.
D.L. : mars 1990.
(Imprimé en France)